AF579695

Histoire de flammes jumelles

Séverine Anérot

Histoire de flammes jumelles

ISBN : 979-10-377-8338-7

Avant-Propos

Ce livre raconte mon histoire, une histoire parmi tant d'autres de flammes jumelles. Même si le parcours de flammes jumelles présente des similitudes, chaque histoire est singulière, a ses spécificités et ne sera jamais l'exact reflet de toutes les autres.

Ce livre ne couvrira pas l'ensemble des thématiques liées à ce parcours puisque je ne peux parler que de ma propre expérience. Mon autre sera évidemment évoqué, mais, qu'il se cache derrière ses masques ou qu'il soit en phase de changement, je suis dans l'incapacité de détailler cette partie de l'histoire, car beaucoup d'aspects m'échappent.

Ne cherchez pas dans ce livre les recettes de la réussite du duo pour parvenir à la réunion, mais seulement le récit de mon histoire et mes clés de compréhension sur ce parcours long et éprouvant. Je souhaite simplement partager mon expérience, si elle peut être utile, car ce chemin est semé d'embûches, mais parfaitement incroyable.

La terminologie des flammes jumelles

Les termes et les notions liées aux flammes jumelles sont spécifiques, complexes pour les non-initiés et demandent par conséquent à être précisés.

L'univers des flammes jumelles comprend deux entités distinctes au moment de l'incarnation. Au commencement, elles présentent des caractéristiques propres à chaque entité : le Chaser est « celui qui poursuit », de polarité Yang à la base ou « polarité consciente du lien », et le Runner, « celui qui fuit », est de polarité Yin à la base ou « polarité non-consciente du lien ». Dans la symbolique du Tao, la polarité Yin est le principe féminin, l'énergie cosmique, rattachée à la nuit, à la lune, aux rêves et aux intuitions, tandis que la polarité Yang est le principe masculin, l'énergie tellurique, rattachée au jour, au soleil, à l'action, au réalisme.

Sans vouloir entrer dans le débat qui consiste à savoir lequel des deux est « le premier éveillé au lien », nous pouvons nous entendre sur le fait que le travail qui est demandé à chaque flamme jumelle est enclenché par la polarité dite « consciente ». L'une des polarités reste « non-consciente », tandis que l'autre opère des transformations jusqu'à ce qu'elle s'équilibre et passe le relais à l'autre polarité qui va effectuer à son tour le chemin de guérison jusqu'à la réunion du couple.

J'ai fait le choix d'utiliser les termes « polarité Yin » ou « polarité Yang », bien qu'ils soient réducteurs, afin d'identifier chaque jumeau et de simplifier la compréhension du processus. J'utiliserai volontairement le terme générique d'« âme » de façon indifférenciée à celui d'« esprit », alors que ces notions revêtent des réalités différentes : le terme « âme » désigne l'ensemble des mémoires énergétiques de nos vies passées, tandis que l'« esprit » est notre Soi supérieur ou notre être profond relié au divin.

Introduction

Le parcours de flammes jumelles est un cheminement fait d'ombres et de lumière. Il souffle le chaud et le froid dans notre vie, nous amène à des sommets et nous fait basculer l'instant d'après dans un gouffre sans fond de ténèbres et de souffrances. À la fois difficile et passionnant, douloureux et exaltant, il débarque dans notre vie sans crier gare, sans même dire son nom et bouleverse les fondements de notre être.

Ne vous mettez pas en quête de votre flamme jumelle, car c'est une histoire qui vous tombe dessus sans même que vous n'ayez connaissance du concept. Elle balaye ce en quoi vous croyez, fissure de belles amitiés, fait s'écrouler des pans entiers de votre vie bien rangée. Chercher son double d'âme serait comme chercher un bâton pour se faire battre, réveiller un monstre tapi au fond d'une grotte, s'engager sur un chemin tortueux les yeux bandés. Tel un acrobate, nous avançons sur le fil du rasoir, à la recherche d'un équilibre précaire au bord d'un précipice. L'amour est la clé, le Saint Graal à trouver ; mais il se trouve d'abord en Soi.

Il se peut aussi que cette rencontre avec votre jumeau d'âme ne soit pas prévue dans cette vie : il se trame en coulisse des intrigues dont vous n'avez même pas idée ! Seul le spectateur qui restera jusqu'à la fin du film en connaîtra le dénouement tant le scénario semble ficelé d'avance et à la fois incertain...

Mon histoire a débuté par la reconnexion à mon jumeau à son retour d'un pays étranger. Il m'a fallu des mois avant de mettre le nom de « flammes jumelles » sur ce qui m'arrivait, que je ne comprenais pas. Au bonheur de vivre une histoire d'amour peu commune s'en est suivie une phase de bouleversements qui m'a poussée à opérer des transformations dans ma vie. L'ironie de l'histoire veut que lorsque j'ai considéré, naïvement ou par dépit, que mon parcours était « achevé », que j'avais rempli ma part du contrat (j'étais en réalité bien loin du compte), j'effectuais un voyage dans le pays d'où il revenait à la reconnexion, qui m'est apparu comme le signe que « la boucle était bouclée », au moins pour ma partie. Suite à l'onde de choc provoquée par la reconnexion, je n'ai pas réalisé que je n'étais qu'aux prémices d'un travail sur moi – qui ne se termine réellement jamais – et de bouleversements qui allaient impacter le monde tel que je le connaissais.

Les flammes jumelles sont une même âme incarnée dans deux corps différents. La reconnaissance de ces deux doubles d'âme peut se faire par la voix, le toucher ou le regard, et provoque une réaction alchimique, un courant électrique qui active la mémoire du couple, alors même que nous n'avons pas d'attirance particulière pour cette personne, que nous le connaissons de longue date ou que nous l'avons à peine croisée dans notre vie.

Lors d'une conversation anodine, celui que j'allais reconnaître plus tard comme « mon jumeau » m'a pris la main, sans raison apparente. L'espace d'une seconde, tout m'est revenu en mémoire, sans pouvoir encore mettre des mots dessus ; c'était comme s'il avait lancé un programme latent et venait de télécharger des données enfouies dans mon subconscient. Je suis tombée instantanément amoureuse de lui et j'aime à dire qu'à ce moment précis « mon cerveau a fait un tour complet sur lui-même ». Alors que je l'avais cherché toute ma vie et que j'avais renoncé à le trouver, le grand amour, si je doutais encore de son existence, s'est présenté à moi de manière fulgurante. À cet instant, je me suis fait cette réflexion : « mais alors, ma vie n'est pas finie ! Je peux encore tomber amoureuse ». Ce soulagement allié à la puissance des sentiments fut immédiatement tinté d'amertume puisque j'étais en couple et que cela présageait de nombreuses difficultés à venir. Pour autant, j'ai vécu cet événement comme un cadeau du ciel qui sonnait le début d'une remise en question complète de ma vie et d'un parcours souffrant, mais exceptionnel.

Ce que nous retrouvons dans les livres sur le sujet ou sur la toile sous le terme de « lune de miel » fut de courte durée puisque nous n'avons jamais été en couple ; ce qui ne m'a pas épargné une douloureuse phase de « distanciation », que d'autres nommeraient « séparation ». Ce n'est qu'un an et demi après la reconnexion que je parviens enfin à mettre un mot sur ce que je vis, qui est totalement hors de mon contrôle : j'actionne mon pendule sur une planche « lien d'âme » et je tombe sur le terme « flammes jumelles » qui m'était à l'époque parfaitement inconnu. Je trouve sur la toile des explications et des similitudes avec ce chamboulement dans ma vie alors que j'étais dans le flou total depuis des mois. En effet, j'étais engagée sur un chemin d'éveil sans réaliser que son point d'origine était la reconnexion à mon autre.

Ce livre est ce qui s'appelle communément un « coming-out » puisque je suis restée discrète sur cette histoire vis-à-vis de mon entourage, hormis quelques amis proches, et j'ai tu mes souffrances afin de ne pas perturber mon cercle familial. Ce concept de flammes jumelles étant relativement peu connu et difficile à comprendre, sauf à avoir une ouverture d'esprit assez large, je ne me suis pas épanchée sur la période trouble que je traversais face à mon incertitude sur l'issue de cette relation. Ma discrétion ne s'est pas arrêtée là puisque le principal intéressé n'en a a priori pas non plus connaissance : la distance entre nous, les rejets et les silences du jumeau qualifié de « fuyant » m'ont résolue à ne pas m'imposer dans sa vie, sous couvert d'un concept « fumeux » et difficilement démontrable par des preuves tangibles. Je me voyais mal débarquer dans sa vie avec mes valises de blessures et de blocages, sous prétexte d'une prétendue « histoire de flammes jumelles », qui aurait été sans nul doute mal comprise. Je lui ai laissé le soin de le découvrir par lui-même et de s'investir dans cette histoire ou de rester dans la résistance et le déni. Le respect du libre-arbitre – même s'il paraît tout relatif lorsque nous entamons ce parcours – et ma volonté de ne pas faire preuve d'ingérence dans sa vie se sont rapidement imposés à moi. Il me semblait en outre déjà assez compliqué de porter mon fardeau sans ajouter à mes difficultés celles de mon jumeau. Il est des couples de flammes jumelles qui expérimentent ce parcours à deux, sans qu'il n'en soit sans doute pas plus aisé d'en dénouer les nœuds.

Contrairement à ce que nous imaginons de ce parcours au premier abord, la finalité n'est pas la relation de couple dans la matière, mais avant tout un retour à Soi. L'expérimentation de cette relation commence par un éveil de conscience et se poursuit par un chemin de libération semé de doutes, de blessures à guérir et de paliers de conscience à franchir qui amènent à se reconnecter à son âme, et donc à celle de son jumeau puisque nous sommes la même âme.

Le parcours débute par l'aveuglement, les désillusions, les chutes qui nous poussent sans cesse à nous relever pour se retrouver Soi avant de pouvoir retrouver son autre.

1
Les écueils sur le parcours

Il est des épreuves que nous devons traverser, des erreurs qu'il nous faut commettre, des fausses pistes à expérimenter avant d'obtenir les clés de compréhension et de conscientisation qui nous permettent d'avancer sur notre parcours.

Chercher les réponses à l'extérieur

Le parcours de flammes jumelles est d'abord un parcours d'éveil de conscience. Il nous amène à dépasser nos conceptions étriquées du sens de l'existence humaine et ouvre des portes sur des dimensions supérieures de l'être..., mais l'essentiel reste à réaliser sur Terre.

Il est des « incontournables », des erreurs communes à tous les chemins d'éveil qui font partie de l'expérimentation et comme certains se plaisent à le dire « tout est juste ». Il est naturel de se tromper, l'essentiel est de tirer des leçons de ses erreurs.

Les mauvaises pistes

L'éveil spirituel est un changement complet de notre façon d'appréhender le monde et notre environnement immédiat. Il se manifeste en nous lorsque nous prenons conscience que nous ne sommes pas qu'un corps qui vit et qui meurt, et puis plus rien. Il y a quelque chose de plus profond à l'intérieur de nous, notre âme, mais également à l'extérieur de nous, quelque chose de plus grand, que nous pouvons appeler « Dieu, La Source, l'Univers, le grand Tout... »

Cette prise de conscience bouleverse toutes nos conceptions, notre façon de vivre et de penser, et nous propulse dans un univers inédit, palpitant et à la fois effrayant, car nous comprenons que nous sommes bien peu de chose face à ces mondes subtils qui se présentent à nous. Comme si nous nous tenions face à l'infini de l'univers, il est normal de se sentir seul et désemparé devant tant de beauté, de mystères et d'éternité.

La découverte du lien de flammes jumelles est un prolongement de ces sensations : il nous plonge dans une exaltation mêlée d'appréhensions avant que n'arrivent les doutes et le manque de confiance en sa capacité à relever le défi. Nous avons besoin d'être rassurés sur la réalité de notre lien de flammes jumelles et d'obtenir des preuves de l'existence de ces mondes subtils ; tous les moyens semblent alors permis.

Les guidances collectives

La notion de flammes jumelles a été largement investie par les médias sociaux qui gravitent autour de l'univers spirituel. Ce concept alimente d'autant plus les fantasmes que nos sociétés souffrent d'individualisme, de la perte de repères et d'un sentiment de fin de cycle anxiogène (réchauffement climatique, crise du covid, etc.). Certains exploitent ce concept à des fins mercantiles face à la crédulité et au désespoir des gens. D'autres se pensent « flammes jumelles », englués dans des imbroglios sentimentaux ou confrontés à des comportements dysfonctionnels au sein de leur couple. En effet, le concept fournit une explication plausible et pseudo-romantique à la confusion des sentiments et sert d'alibi à ceux qui préfèrent supporter l'inacceptable plutôt que de chercher les réelles causes de leurs problématiques personnelles et de couple.

Phénomène à la mode et dans l'air du temps, les guidances collectives se sont engouffrées dans la brèche de ce concept attractif et vendeur. Elles offrent une vision idyllique du couple sacré, proposent une évolution favorable au duo et une fin heureuse dans la réunion. Comment ne pas se laisser happer par ce miroir aux alouettes qui nous accorde un répit de quelques heures, un espoir réconfortant et permet d'oublier l'espace d'un instant notre marasme ? Elles nous aguichent par de belles promesses, nous consolent de nos peines et nous confortent dans l'idée que notre jumeau est le seul responsable de notre malheur par sa nonchalance, sa négligence ou sa procrastination.

Une guidance collective qui sonne doux à mes oreilles

Voici le type de guidances qui flattaient mon égo et me berçaient d'illusions quant au devenir de la relation :

« Il va revenir vers vous, il va se libérer des tierces, une mère, une femme, une sœur, qui dépendent de lui, qui le maintiennent dans un emprisonnement mental, qui le retiennent à la maison. Mais il va reprendre son pouvoir, s'équilibrer, s'aligner et s'ancrer.

Vous allez recevoir des messages, une proposition de sortie, d'activité ou un tête-à-tête. Un déplacement est prévu. Il est prêt à sauter le pas, à vous choisir et à vous donner son cœur.

Il veut vous remercier d'avoir cru en lui, de lui avoir montré qu'il méritait d'être aimé, qu'il avait de la valeur, qu'il était exceptionnel. Il vous remercie, car vous avez su prendre tous les risques pour lui, vous êtes une source d'inspiration. Il va mettre son avenir entre vos mains, il ne peut pas imaginer autre chose, sinon il ne vit plus.

Les choses ont pris du temps parce qu'il n'était pas prêt à s'engager, il se mentait à lui-même, il ne s'attendait pas à ressentir quelque chose d'aussi fort pour vous.

Il n'a pas su poser des limites avec sa famille, se positionner pour défendre le lien. Mais aujourd'hui, il a pris conscience qu'il avait le droit d'être heureux avec vous. Il va s'affirmer, imposer des choix, se faire respecter. Il est prêt à s'engager et n'a plus peur du regard des autres.

Il culpabilise par rapport à son comportement vis-à-vis de vous. Il est pressé de revenir parce qu'il a peur de vous perdre. Il va tout mettre en place pour vous reconquérir, pour que vous soyez sa reine. »

Les guidances collectives sont répétitives, générales et ne reflètent en aucune façon notre réalité personnelle. Elles sont un anesthésiant auquel nous nous accrochons pour nous rassurer et duquel nous devenons rapidement « accro ». Elles sont une amputation de notre pouvoir personnel, car elles nous placent dans une position d'attente passive puisqu'il existe un « plan divin » et que tout est prévu d'avance. Elles nous parlent de l'histoire d'amour dont nous avons toujours rêvé, elles sont un rideau de brume qui nous maintient dans un beau rêve et nous détourne de l'objectif à atteindre qui est le travail à réaliser sur soi.

Les mauvais thérapeutes

Le milieu du spirituel n'échappe pas à la règle : il y a autant d'incompétents, de charlatans, de personnes vénales ou malhonnêtes que dans tous les autres secteurs professionnels.

En réalité, il n'y a pas de bon ou de mauvais thérapeute ; nous tombons sur le thérapeute dont nous avons besoin à l'instant T. Si nous sommes malheureux et que nous refusons d'opérer des changements dans notre vie, alors un mauvais thérapeute fera parfaitement l'affaire !

Le rebouteux

J'ai consulté un magnétiseur à la suite d'éruptions semblables à des engelures qui sont apparues sur mes doigts sur une période de 2 à 3 mois, et sur lesquelles mon médecin n'avait pas su poser de diagnostic. Ce guérisseur semblait être en dialogue direct avec des maîtres ascensionnés puisqu'il levait constamment les yeux au ciel et marmonnait dans sa barbe en direction de la photo de Jésus.

Il n'a pas su me dire d'où provenaient ces éruptions sur mes doigts. Par contre, il m'affirma que « ça ne marcherait pas avec mon jumeau à cause de nos différences », argumenté par quelques clichés sur ce type d'hommes qui « ne respectent pas les femmes et ont une vision trop réductrice de la femme qui doit leur être soumise ». Il disait surtout ne jamais se tromper.

Je ne peux pas croire que Jésus, avec qui il semblait converser, puisse transmettre un discours stéréotypé, malveillant et de division par l'intermédiaire de cet individu.

J'ai compris plus tard que ces éruptions avaient été déclenchées par un choc émotionnel vécu quelques semaines plus tôt : je venais de vivre une séparation douloureuse avec mon compagnon et ces marques sur mes doigts avaient été la manifestation sur mon corps de cette période difficile.

Ce magnétiseur a renforcé ma détermination à ne pas me laisser manipuler par des discours de ségrégation, me voler ma liberté d'expérimenter cette histoire, et peut-être de me tromper. Cet épisode m'a résolu à aller au bout de ce en quoi je croyais.

La Source peut également mettre sur notre route de mauvais thérapeutes afin de nous faire réagir et comprendre que nous sommes déjà en possession de toutes les réponses. Cela nécessite du temps, de la volonté et de la persévérance, mais nous avons toutes les clés de déblocage en nous.

Il existe des thérapeutes qui veulent sincèrement aider leur prochain tandis que d'autres professionnels de la voyance, du magnétisme ou de la médiumnité possèdent des dons, mais ne sont pas spirituels, ne partagent pas des valeurs d'amour et de bienveillance envers autrui.

La chouette

J'ai fait une séance par visioconférence avec une thérapeute se présentant sous le logo d'une chouette, qui m'a interloquée par sa malveillance, renforçant ainsi l'injuste réputation qui colle à la peau de ce pauvre volatile « d'oiseau de mauvais augure » :

« Vous êtes trop dans le Yang, dans des énergies froides. Trop de rigidité, de dureté dans votre vie, des réactions brutes. Les hommes fuient face à vos énergies castratrices. Les énergies du cœur sont fermées.

Votre vie n'est pas très folichonne, elle est terne, froide, elle ne vous rend pas heureuse.

Vous n'êtes pas connectée à votre corps. Trop d'ancrage et des énergies Yang : vous risquez de capter des énergies du bas astral.

Vous êtes trop dans la matière, la dualité, l'armure est encore présente... »

Ce fut un florilège de clichés sur les flammes jumelles et une vraie séance de torture que j'ai dû abréger avant la fin.

Elle m'a affirmé que je n'étais pas en lien de Flammes Jumelles parce que « je n'avais pas assez souffert ». Que savait-elle de ma souffrance et qui était-elle pour me dire si j'étais ou non flamme jumelle ? Lui avais-je seulement posé la question ?

Son discours sur ce lien était élitiste : « n'est pas flamme jumelle qui veut » ; comme si j'avais eu le choix !

Ses propos humiliants et dévalorisants à mon encontre ne résonnaient pas en moi. Être thérapeute, c'est apporter un conseil, un éclairage, des pistes, un encouragement, être dans l'écoute et le partage, et surtout avoir un regard bienveillant sur la personne en souffrance qui demande de l'aide ; tout ce que la Chouette n'était pas.

Cette séance m'a démontré la nécessité de savoir faire preuve de discernement et de ne pas me laisser atteindre et décourager par des discours dissonants et blessants.

D'autres thérapeutes se perdent dans « l'égo spirituel », dans la propre image d'eux qu'ils souhaitent projeter à l'extérieur, et dans le désir de reconnaissance. « Le spirituel » étant un business comme les autres, ils surfent sur la vague afin d'attirer la clientèle et utilisent des concepts à la mode dont la compréhension leur échappe. Ils se méprennent sur le sens des termes qu'ils emploient par ignorance ou par intérêt, et utilisent des terminologies qu'ils ne maîtrisent pas.

L'hypnose conversationnelle

Je cherchais un thérapeute en hypnose régressive afin de poursuivre le travail sur mes vies antérieures.

Après une courte conversation téléphonique, cette séance d'hypnose spirituelle semblait prometteuse, mais s'est avérée loin de mes aspirations puisque cette hypnothérapeute ne travaillait pas dans « l'espace quantique » (réalité où le temps, passé-présent-futur, sont intriqués).

La séance a débuté par une longue conversation de préparation à l'hypnose, où j'ai déroulé le fil de ma vie. Puis, la thérapeute a utilisé la symbolique de l'Égypte pour me plonger au cœur d'une pyramide et tenter de défaire des nœuds dans mon subconscient.

À la fin de la séance, j'ai compris qu'il y avait eu « erreur sur la marchandise » puisque sa prestation ne correspondait pas à ce que j'attendais. La thérapeute m'a alors expliqué qu'en réalité, c'était une « hypnose conversationnelle » au cours de laquelle nous avons discuté de problèmes bien « terrestres ». Elle a exploité mon histoire personnelle, mes traumas et mes blessures dans une démarche qui consiste à verbaliser nos questionnements intérieurs et à trouver soi-même une solution adaptée issue de notre subconscient pour l'imposer au mental.

Elle m'a affirmé que tous les problèmes que je rencontrais dans ma vie seraient réglés en une seule séance (relativement chère). J'ai revécu des scènes douloureuses de ma vie pour les libérer et pardonner aux différents intervenants. Malgré l'intérêt que peut susciter cette méthode, j'ai eu l'impression d'avoir été manipulée, comme un enfant que l'on prend par la main pour l'obliger à faire la paix avec un autre enfant contre sa volonté, au moment choisi par l'adulte et selon ses arguments. Cette thérapie infantilisante nous ôte le pouvoir de choisir quand et comment guérir nos blessures... comme si celles-ci pouvaient se soigner en un claquement de doigts, en créant des moments fictifs de réconciliation imposés à notre subconscient.

La paix intérieure est un chemin que l'on doit trouver seul.

Ces trois exemples de thérapies m'ont confrontée à des personnes qui disent détenir la vérité et dispensent leur propre vérité : « je ne me trompe jamais, vous n'êtes pas ce que vous croyez être, je vais vous guérir... » Pour autant, j'ai de la gratitude envers ces personnes, car elles m'ont fait progresser dans la recherche de ma propre vérité.

La multiplication des soins

Kinésiologie, magnétisme, lecture d'âme, voyance, médiumnité, hypnose, guidance, etc. il existe dans le milieu spirituel une offre de soins et de thérapies à profusion. Si nous avons nécessairement besoin d'une aide extérieure à certains moments du parcours, la multiplication des soins produit inévitablement des effets néfastes : les discours se contredisent entre thérapeutes ou au contraire les réponses sont toujours les mêmes – puisque les questions sont invariablement les mêmes ; les soins sont trop rapprochés, notamment dans l'énergétique ; si la réponse ne nous convient pas, alors nous passons à un autre intervenant ; si la voyance ne répond pas à nos attentes, nous ne gardons que la partie qui nous intéresse ou nous avantage ; si ce thérapeute de renom nous propose un rendez-vous dans 6 mois, nous acceptons d'attendre et de nous plier à son emploi du temps…

Cette surconsommation n'est que le reflet d'un manque de confiance en nos capacités, de notre attachement à la matière (l'argent ne règle pourtant pas tous les problèmes) et de notre lâcheté à remettre notre pouvoir entre les mains d'un inconnu pour ne pas faire face à nos propres problématiques.

Certains praticiens ont développé une méthode et dispensent leur propre vérité mêlée de croyances personnelles et de blessures qu'ils tentent de guérir en soignant les autres. Une vraie responsabilité pèse pourtant sur leurs épaules puisqu'ils influent sur les décisions que nous prenons. Ils ont un réel pouvoir sur nous puisque leur intervention peut précipiter des choix de vie. Ce faisant, nous tournons le dos à notre propre guidance en remettant les clés de notre destin à l'extérieur.

La vérité est que nous sommes la personne qui nous connaît le mieux ; encore faut-il accepter d'affronter ses parts d'ombre et de s'atteler à la tâche de les nettoyer. Bien qu'il soit utile de se faire aider par des professionnels dans des disciplines que nous ne maîtrisons pas, en tant que flamme jumelle, nous sommes la personne la plus légitime et capable de trouver elle-même ses clés d'avancement.

Néanmoins, aucun thérapeute n'arrive dans notre vie par hasard : les mauvais thérapeutes reçoivent les patients qui ne veulent pas guérir, les thérapeutes malhonnêtes finissent par nous convaincre de ne pas reprendre rendez-vous avec eux et les thérapeutes malveillants nous apportent les réponses qui sont l'exact opposé de ce que notre cœur réclame… mais nous ne nous faisons pas suffisamment confiance. Pourtant, notre propre guidance peut nous accompagner dans chaque acte du quotidien, dans chaque parole que nous prononçons si nous savons écouter notre cœur, si nous nous donnons la peine de chercher et la patience d'avancer.

Vouloir tout savoir, tout comprendre

La polarité Yang en parcours de flammes jumelles cherche des réponses. Elle a besoin de multiplier les sources d'informations afin de tout savoir et tout comprendre.

Dans ce domaine, Internet est une mine d'informations pour qui est en quête de connaissances. Mais devant la somme des informations à notre disposition, il est très hasardeux de démêler le vrai du faux, de déceler les interprétations personnelles, les divergences dues aux différents stades du parcours ou entre les différents liens d'âme… Bien malin celui qui sait faire preuve de sagesse en début de parcours ! Comment savoir si l'intervenant est bien flamme jumelle, alors que nous-mêmes n'en sommes pas persuadés ? Qui peut dire de façon incontestable qu'il est flamme jumelle ? Voudriez-vous entendre que vous ne l'êtes pas ? Le croiriez-vous ? La vérité est que tout savoir ne suffit pas, encore faut-il faire preuve de discernement dans le flot de données qui circulent.

Si comprendre son parcours sans réel travail sur soi n'est pas suffisant, intellectualiser ses compréhensions sans les « conscientiser », sans les « vibrer », est encore moins réparateur. Les réelles avancées surviennent lorsque nous comprenons nos blocages non seulement avec notre intellect, mais surtout à travers nos émotions. Nos émotions sont « de passage », elles n'ont pas vocation à rester en nous. Une épreuve traumatisante qui n'a pas été vécue sous le prisme des émotions n'est pas libérée, d'autant plus si elle n'a pas été verbalisée. Pleurer, hurler, vivre l'émotion pleinement, avec son corps et avec son cœur, quelle que soit la difficulté de l'épreuve, est la meilleure façon de l'épurer ; non pas qu'elle disparaisse totalement, mais elle tend à ne plus s'imprégner en nous comme une mémoire négative. Ce travail de libération des mémoires négatives est éprouvant, mais doit être réalisé, sans quoi le parcours sera plus long et plus incertain.

Papa

La dernière image de mon père fut sur son lit de mort. La porte de la chambre parentale a été ouverte pour un dernier regard, à distance, sans parole, sans pouvoir l'approcher. J'avais 7 ans, je suis restée dans l'encadrement de la porte et elle s'est refermée sur lui, sur tout pan de ma vie, sans un adieu. Mon enfance venait de s'envoler et ma relation à mon père restait à jamais cristallisée dans cette ultime scène de théâtre muet.

Par la suite, nous avons déménagé et mon père n'était plus qu'un souvenir lointain dans cette nouvelle vie dans laquelle chaque membre de ma famille tentait de se reconstruire. Cette page de mon enfance avait été tournée par les adultes pour faire taire leur souffrance et continuer de vivre. Mais je n'étais qu'une enfant, j'avais besoin de mon père, je ne voulais pas l'oublier. Personne ne me parlait de lui, comme s'il n'avait jamais existé. Alors, je me suis raccrochée à des photos et j'ai cherché des souvenirs pour continuer à le faire exister dans mon cœur : papa qui me fait traverser le Hoo en crue, papa qui joue de l'accordéon à l'école, papa qui me porte sur ses épaules jusqu'au lac du Migouelou...

Plus tard, j'ai réalisé que je n'avais pas fait le deuil de la mort de mon père parce que je ne lui avais pas dit Au revoir et que je n'avais pas pu exprimer le chagrin de l'avoir perdu.

La mauvaise interprétation des signes

Dans cette quête infatigable de réponses à nos questions, nous sommes à l'affût de la moindre preuve qui pourrait nous rassurer sur la véracité de notre lien de flammes jumelles.

Nous cherchons des confirmations partout, des signes, des messages, des synchronicités qui confirmeraient que nous sommes sur le bon chemin et que nous ne sommes pas simplement en train de nous inventer une belle romance.

Des messages autoroutiers

Je suis une adepte des plaques d'immatriculation. J'ai vu des centaines, peut-être même des milliers de fois, les initiales de mon jumeau sur celles-ci.

Je me suis finalement rendue à l'évidence que nous étions dans une année d'immatriculation « FJ » suivant un ordre chronologique implacable, et qu'il faudrait une logistique angélique phénoménale pour assurer la synchronisation de toutes ces plaques, passant sous mes yeux, aux initiales de mon jumeau !

<u>Les messages de nos guides</u>

Lorsque nous recevons des messages, le plus délicat est de faire la différence entre les idées provenant de notre mental et celles qui nous sont soufflées à l'oreille par notre âme. Il est admis dans le milieu spirituel que la première idée est celle qui nous vient de notre guide ou de notre âme, autrement dit « notre intuition », alors que l'idée suivante est produite par le mental.

Les messages des guides nous sont souvent donnés par clairaudience, particulièrement la nuit lorsque le mental est au repos. Nous pouvons les identifier, car ce sont toujours des paroles bienveillantes, des phrases brèves avec des idées concises. Nous pouvons les différencier du discours du mental qui est négatif ou préventif (le rôle du mental est de nous protéger), fait référence au passé (un rappel de nos mauvaises expériences) ou est invectivant (« il faut », « tu dois »). La difficulté consiste à suivre notre première idée, car elle semble souvent contraire à la raison, et à faire confiance à notre intuition.

Les guides peuvent également nous envoyer des messages par des signes. Ces derniers ne sont jamais répétitifs : lorsque nous posons une question à notre guide, à un Saint ou à l'Univers, les signes vont apparaître trois fois afin d'être sûrs que le message est correctement reçu. Au-delà de ce chiffre, c'est notre libre-arbitre qui prend le relais. Aussi, il est inutile de toujours poser la même question, surtout si nous avons déjà obtenu des réponses, sauf à être dans le doute et pressé par le temps. En effet, la notion de temps n'existe pas dans les plans supérieurs ; une réponse positive à notre question ne signifie pas que sa matérialisation sera immédiate. Les plans supérieurs travaillent à mettre en œuvre nos intentions, mais leur réalisation dans la matière implique une organisation, une synchronisation, un moment idéal qui se situe hors des impératifs terrestres.

Messages de mon guide

Peu de temps après la « lune de miel », je reçois un message médiumnique qui me prévient d'un changement prochain dans la relation à mon autre : ***« Tu vas le perdre pour mieux le retrouver »****. Le jumeau n'a effectivement pas tardé à prendre ses distances et je suppose que ce message avait pour but de me rassurer sur le fait qu'il reviendrait un jour.*

Lors de la phase de séparation avec mon compagnon, j'entends un message très clair : ***« Avance. Ta vie t'appartient. »*** *Il était important que je me priorise dans cette phase de prise de décisions très difficile.*

Pendant ma nuit noire de l'âme, je harcèle tout le monde Là-haut pour avoir des réponses, une confirmation du lien… et mon guide m'envoie un message direct, mais plein de patience et de bienveillance : ***« Que veux-tu que je te dise que je ne t'ai déjà montré ».***

Nous obtenons des réponses à nos questions, mais le mental en réclame davantage, il nous rappelle à la raison, à des conditionnements terrestres : nous doutons tant que nous ne voyons rien se matérialiser dans nos vies et craignons que nos souhaits ne se réalisent jamais. Pourtant, tant que nous sommes dans la peur et le doute, rien n'arrive. Nous devrions au contraire être dans la confiance et considérer que ce que nous avons demandé est déjà là.

Les messages des guides sont encourageants, pleins de sens et ne laissent souvent place à aucune interprétation possible, mais pour peu que nous soyons dans la résistance, dans le doute ou le manque de confiance, nous pouvons en pervertir le sens.

Des interprétations erronées

Rechercher des signes est une routine rassurante ; elle est notre lien avec les mondes subtils et peut se vivre au quotidien. Mais, comme en toute chose, il faut éviter de tomber dans l'excès : rechercher, voir des signes partout et mal les interpréter peut nous mener sur des chemins tortueux qui ne sont que le reflet de nos incertitudes et de nos réticences à prendre les bonnes décisions.

Message de réunion

Je tombe sur ce signe que j'interprète comme l'imminence de la réunion avec mon jumeau : les deux visages sont réunis, je vais avoir « une promotion »...

J'y crois, je me sens soutenue, je me précipite sur mon jumeau, mais il reste distant, comme à son habitude, et me renvoie à mes propres illusions.

Lorsque nous prenons nos rêves pour la réalité, la déception et le chagrin nous remettent à notre juste place. Le Ciel ne fait pas tout, il nous revient de créer notre propre réalité.

Des interprétations en dépit du bon sens

Lorsque la folie semble nous gagner et que notre jugement se trouve fortement altéré, il ne reste plus que le bon sens pour nous ramener sur terre ou les bons amis pour nous remettre sur le droit chemin.

Messages de mort

Mon éveil de conscience s'est accompagné de signes de mort qui se présentaient à moi de façon régulière et incontestable lorsque j'interrogeais mon guide à propos de mon partenaire : des têtes de mort, des cadavres d'oiseaux sur le bord des routes, des couronnes mortuaires, un casque de ski enseveli dans un tas de vêtements dans son placard... comme des avertissements de la survenue prochaine d'un drame affreux.

Le temps passait et nul drame ne survenait, jusqu'à ce que ma bonne amie Angéla me remette sur le chemin du bon sens : « C'est peut-être juste la mort de votre relation... » Bien sûr, pourquoi n'y avais-je pas pensé ?

Nous cherchons des alibis et nous persuadons parfois de ce qui peut bien nous arranger, en dépit du bon sens, en imaginant que quelqu'un, Là-haut, va régler les problèmes à notre place. Or, nous oublions que nous sommes détenteurs de notre libre-arbitre. Les guides nous donnent des clés, créent des occasions, nous montrent la voie, mais nous restons seuls responsables de la réalisation de nos souhaits.

<u>Lorsque la fréquence des messages diminue</u>

Nous avons commencé à cheminer et, bien que nous ne voyons pas encore le bout du tunnel, nous n'entendons plus notre guidance. Le premier sentiment que nous éprouvons est celui de l'abandon : comment faire les bons choix si nous ne sommes plus aidés par notre guide ? Au contraire, le temps est venu de nous autonomiser : il nous revient de trouver les réponses et de cheminer par nos propres moyens. Nous avons acquis l'assurance d'être accompagnés et nous n'avons plus besoin de recevoir des messages, car, dorénavant, c'est la vie qui nous guide.

La focalisation sur le jumeau

Cet amour est si puissant, exceptionnel et inattendu qu'il peut nous faire dévier de l'essentiel. Cet idéal que nous voyons dans notre autre, ce couple magique que nous souhaitons incarner dans la matière, nous leurre sur la finalité de ce cheminement qui est d'abord un retour à Soi.

Les attentes et les projections

Nous fantasmons notre jumeau, nous l'idéalisons, nous le mettons sur un piédestal. Toutes nos pensées sont tournées vers lui, il est le point de mire de nos objectifs. Nous l'attendons tel le prince charmant, enfin éveillé au lien et à cet amour merveilleux, qui viendrait nous chercher sur son cheval blanc, comme dans nos rêves de petite fille.

Mais il y a erreur sur la personne : il semblerait plutôt qu'il ait hérité du rôle de la Belle au bois dormant, profondément endormi dans son linceul doré, attendant sagement que le destin fasse son œuvre, se laissant porter par la vie, au fil des occasions qui se présentent à lui, vivant au jour le jour, sans trop se soucier du lendemain... En effet, la vie est loin d'être un conte de fées et nous ne sommes pas plus Blanche-Neige qu'il est le prince charmant.

Cette attirance que nous ressentons pour notre autre, cette attraction magnétique qui nous pousse vers lui, ces sentiments qui nous envahissent à tout moment nous aveuglent sur la finalité de ce parcours qui va bien au-delà d'une histoire d'amour. Nous voyons chez lui tout ce que nous ne sommes pas : nous envions sa légèreté, son insouciance, son détachement au temps, aux événements… avant de réaliser que ce potentiel est aussi en nous.

Malchance ou bénédiction, certains couples de flammes jumelles n'ont pas eu la joie de partager une relation amoureuse avant l'inévitable séparation. Pour ceux qui n'ont pas connu des moments de bonheur partagés s'ajoutent la prise de distance du jumeau et la méconnaissance de son intimité. Il nous apparaît telle une forteresse imprenable, faite de mystères et de suppositions. Inatteignable, il nous regarde du haut de ses remparts et arpente le chemin de ronde afin de surveiller que personne ne pénètre dans ce lieu sacré. Caché derrière d'épaisses murailles, il cache sûrement un trésor pour ne point ainsi l'exposer. Il envoie parfois des émissaires à l'extérieur pour se tenir au courant des derniers faits et gestes de tout un chacun, mais reste discret sur ce qu'il ressent, sur ses sentiments, sur ce qui l'agite en dedans. Il présente un masque à la société, toujours gentil, toujours souriant et avenant, mais, hormis quelques privilégiés, nul ne sait qui il est en réalité. Nous le fantasmons, l'enjolivons et inévitablement, projetons sur lui un bel idéal construit de toutes pièces dans notre propre château mental.

Nous voyons dans notre jumeau un potentiel de lumière dont il n'a même pas idée, nous idéalisons cet autre qui envahit nos pensées, jour et nuit. Mais nous ne sommes pas dupes de son comportement : nous voyons ses masques, ses parts d'ombre et nous nous positionnons en « sauveur » comme nous le faisons avec ceux que nous aimons : nous avons identifié ses blocages, nous pouvons lui apporter des solutions et ne comprenons pas pourquoi il ne veut pas les entendre. Il est un vieil adage qui nous enseigne qu'il est toujours plus aisé de « voir la paille dans l'œil du voisin... » plutôt que d'oser se regarder soi.

Mon jumeau, cet illustre inconnu

Il n'est sans doute pas plus aisé d'avoir à renoncer à son autre après avoir vécu une relation ou une vie de couple avec lui, mais il m'a bien fallu cheminer avec un maigre bagage de souvenirs communs. Je me suis raccrochée à des moments furtifs, de brèves scènes du quotidien ou des conversations anodines. Je me souviens de chaque moment, dans le moindre détail, de chaque parole prononcée et de chaque situation... J'ai dû avancer les yeux bandés, en ne faisant qu'extrapoler ce que mon jumeau pouvait bien ressentir, quels étaient ses désirs, ses rêves et ses espoirs. Mais également tout ce qui faisait son quotidien : ses petites habitudes, sa façon de penser, ses goûts et ses préférences ; tout ceci m'était parfaitement inconnu. Pas plus que je ne connais ses amis, sa famille, les gens qu'il apprécie. De son enfance, je ne sais rien non plus, alors que j'y trouverais sûrement des pistes sérieuses de compréhension de sa manière d'appréhender le couple, ses carences affectives ou sa relation au père et à la mère... Je cherche des raisons objectives à ce que je vis. Je me demande « ce que je peux bien lui trouver », car je n'ai décidément rien en commun avec cet homme et comment je peux aimer follement quelqu'un que je connais si peu. Je m'interroge sur « ce que j'ai bien pu faire au Bon Dieu pour mériter cette situation ! » Je crains d'être tombée sur un pervers narcissique ou d'être au bord de la schizophrénie, folle à enfermer... Cette expérience est définitivement du domaine de l'irrationnel, mais comme le dit le dicton populaire « le cœur a ses raisons que la raison ignore ».

Les médias sociaux regorgent d'informations sur la polarité Yin, dite « fuyante », et nous avons tôt fait d'y puiser des clichés et des généralités sur ce que peut ressentir le jumeau, les raisons pour lesquelles il fuit, ses peurs, ses blessures... etc.

L'univers spirituel met à notre disposition toutes sortes d'outils afin de parvenir à trouver soi-même des réponses. À ce titre, le pendule est d'un grand secours pour qui veut aller à la pêche aux informations sur le jumeau **(cf. : « Planche du parcours de flammes jumelles »)**. Il n'est pas un objet divinatoire, mais peut servir de guidance car il permet de capter les vibrations qui nous entourent. Il est un prolongement de nos intuitions, à condition qu'il soit utilisé correctement et à bon escient.

Le piège du pendule

Face à l'absence de nouvelles sur le positionnement de mon jumeau dans le parcours ou de signes forts de son évolution, tous les moyens furent les bienvenus pour tenter de dénicher quelques bribes informations.

J'ai produit quantité de planches pour mon pendule afin de savoir à quel stade du parcours il se trouvait, quelles émotions il pouvait bien ressentir, comment était son moral, sa santé…

« Aujourd'hui, il est dans "l'ennui et la frustration". Sa santé est "défaillante", mais le moral est bon, il est monté à 60 %. Par contre, son taux vibratoire stagne, mais il approche de "l'éveil" ! »

J'ai sombré dans une frénésie de planches à analyser, j'étais en quête de données chiffrées et de tendances générales afin d'alimenter mon mental. Je cherchais des preuves sous forme de statistiques, sous couvert d'un esprit pseudo-cartésien allié à une rigueur prétendument scientifique.

Planche du parcours de flammes jumelles

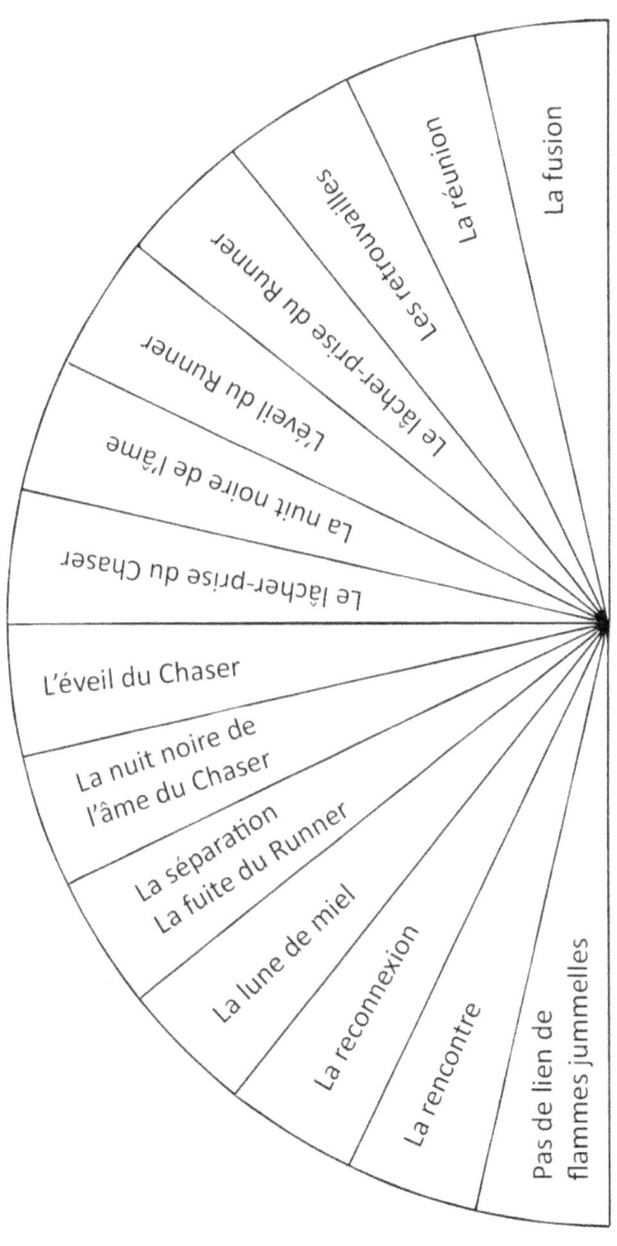

J'ai finalement compris l'absurdité de ma démarche et le ridicule de cet acharnement qui me détournait non seulement de la réalité, mais du chemin à parcourir. J'ai supprimé toutes ces planches de folle furieuse et ce flicage énergétique qui n'avait aucun sens et ne reflétait que mon manque de foi en ce lien.

Cet autre surgit dans notre vie tel un sauveur qui viendrait nous délivrer de notre enfermement et répondrait à nos attentes puisqu'il est supposé être « notre double d'âme ». Il serait l'homme parfait et nous trouverait belle. En un regard, il tomberait éperdument amoureux de nous, serait fidèle et affectueux. En sa présence, tous nos problèmes s'envoleraient comme par enchantement et nous pourrions construire ensemble un avenir parfait, fait d'amour et de sécurité... Plus fortes sont nos attentes, plus dure est la chute.

Le surinvestissement sur le jumeau

La polarité Yang enclenche le travail et la dynamique dans le duo. Elle est dans l'action, dans la recherche de résultats et de réalisation dans la matière. Polarité consciente du lien, elle sait qu'il se trame quelque chose d'exceptionnel et de peu commun, et met tout en œuvre pour que ce rêve devienne réalité.

<u>Des efforts soutenus pour le lien</u>

Nous positionnons notre autre en haut de la pyramide « des personnes importantes dans notre vie ». Nous faisons de ce lien notre priorité, nous investissons notre temps et notre énergie pour atteindre cet idéal de vie à deux. Nous avons l'habitude des combats, de relever les défis, de nous jeter à corps perdu dans l'arène et de tout donner pour parvenir à nos fins. Organisés et persévérants, nous nous sommes appliqués toute notre vie à tout donner et à tout contrôler. Nous savons ce qui est bon pour notre jumeau et estimons légitime de lui rappeler lorsqu'il semble dévier de sa route. Nous voulons absolument qu'il rentre dans le moule de « l'homme dont nous rêvons ». Cet autre doit forcément entrer dans les critères que nous avons minutieusement sélectionnés...

La désillusion, la déception et la colère

Malgré nos efforts et notre détermination, nous butons immanquablement sur un mur, sur des paramètres que nous ne maîtrisons et ne connaissons pas, et sombrons dans l'incompréhension. Entre projections, attentes inconsidérées et obsessions maladives, nous nous rendons finalement compte que cette histoire est hors de notre contrôle.

Il doit être né sur une autre planète...

Malgré tous les changements que j'ai opérés dans ma vie, mon investissement personnel dans le lien, il reste aveugle et sourd à mes signaux, indifférent à mes efforts et il poursuit sa vie sans se soucier de moi. S'ensuit la déception et la frustration face cet individu léger, immature et insouciant qui ne comprend décidément rien à ce qui lui arrive !

La colère pointe alors le bout de son nez, avec son lot de ressentiments, de reproches et de récriminations que j'aimerais lui mettre sous le nez pour le faire réagir. Mais Monsieur ne lâche pas son attitude désinvolte et ses faux-fuyants. Parfois, il revient vers moi, après des jours, des semaines de non-communication, la fleur aux dents, le sourire aux lèvres, avec un ton roucoulant dans la voix et mielleux à la fois, pour me demander « comment ça va ? »

Le fait est que tant que nous sommes dans la colère, le jugement et les attentes envers lui, nous n'avançons pas sur notre parcours. À force de rebuffades, d'affronts et de dos tourné, nous devons bien nous rendre à l'évidence : nous avons fait fausse route. Il ne faut pas attendre du jumeau qu'il vienne nous sauver, qu'il solutionne tous nos problèmes et accepte nos défaillances. Il revient à nous seuls de trouver notre propre salut.

L'ingérence

Face à la déception et à la colère, nous redoublons d'efforts et risquons inévitablement de tomber dans l'ingérence des affaires de notre jumeau.

Cette volonté jusqu'au-boutiste d'être avec lui et de vouloir qu'il corresponde à nos désirs peut tourner à l'acharnement lorsque dans la réalité nous nous retrouvons face à un mur d'indifférence et de mutisme. Le jumeau est une forteresse d'entêtement, avec les portes verrouillées et les fenêtres fermées. S'il ne nous laisse pas entrer par la grande porte, alors nous cherchons des portes dérobées, nous manigançons pour obtenir des passe-droits ou nous nous évertuons à détourner son attention pour nous faufiler par une entrée cachée. Nous sommes prêts à tout pour contourner les obstacles, en espérant qu'enfin, il comprenne que nous étions dans le vrai.

Lorsque ces manigances et l'approche directe ne fonctionnent pas, il ne nous reste plus qu'à investir le surnaturel ou l'énergétique en désespoir de cause. N'est-ce pas ce que le spirituel nous propose : des marabouts pour faire tomber l'autre amoureux fou, des hypnoses pour le libérer de personnes toxiques dans sa vie, des rituels magiques pour l'envoûter, des incantations à la lune ou un flot incessant de questions à nos guides… ?

Il existe sur le Net des thérapeutes qui proposent des régressions karmiques afin de « libérer notre autre des énergies toxiques et de ses blocages pour parvenir à la réunion ». Pourtant, ces offres alléchantes de résolution expresse des problématiques de l'autre sont une ingérence flagrante dans la vie du jumeau et vont à l'encontre de son libre-arbitre. Il revient à chaque jumeau de nettoyer son terrain de jeu et notamment le relationnel avec son entourage.

Les tentatives d'intrusion

Je suis moi-même tombée dans ce piège par des tentatives d'immixtion dans sa vie : partant de l'idée que « nous étions la même âme », il m'a paru légitime d'investir l'énergétique pour lui apporter mon assistance afin de l'aider à ouvrir les yeux et à faire les choix nécessaires dans sa vie.

Quelle louable intention et quelle charité de ma part que de vouloir le débarrasser de tout ce qui l'encombrait et empêchait notre réunion... J'ai créé des illustrations où il se débarrassait des « énergies tierces », des rituels magiques où il coupait avec ses relations toxiques, avec tout ce qui l'enfermait **(cf. : « Les bonhommes allumettes »)***. Tous les coups semblaient permis !*

Au-delà de savoir si ces manigances ont fonctionné, je réalise que cette intrusion dans ses affaires était inacceptable. Et pourquoi ne pas ficeler son cœur tel un sorcier vaudou pour l'envoûter ou brûler des photos de lui comme une affreuse sorcière sous le coup de la colère ? J'ai surtout compris que, s'il y avait des énergies tierces dans sa vie, c'est qu'il acceptait qu'elles soient présentes et qu'il lui revenait de régler ses problèmes et moi les miens !

Pendant tout ce temps passé à investiguer, à manœuvrer et à tergiverser, nous ne travaillons pas sur nous. Nous nous épuisons à réclamer à cor et à cri l'amour de l'autre, allant de désillusion en désillusion et ne recevant que quelques miettes d'attention au passage, avant de décider, fourbus et rompus, de nous en remettre au divin ou de finalement commencer à nous occuper sérieusement de notre cas. À trop se focaliser sur notre jumeau, nous nous en oublions nous-mêmes. Le travail à accomplir est la raison première de ce lien ; il est avant tout un travail pour retrouver l'amour de soi que les épreuves de la vie nous ont enlevé.

Les bonhommes allumettes

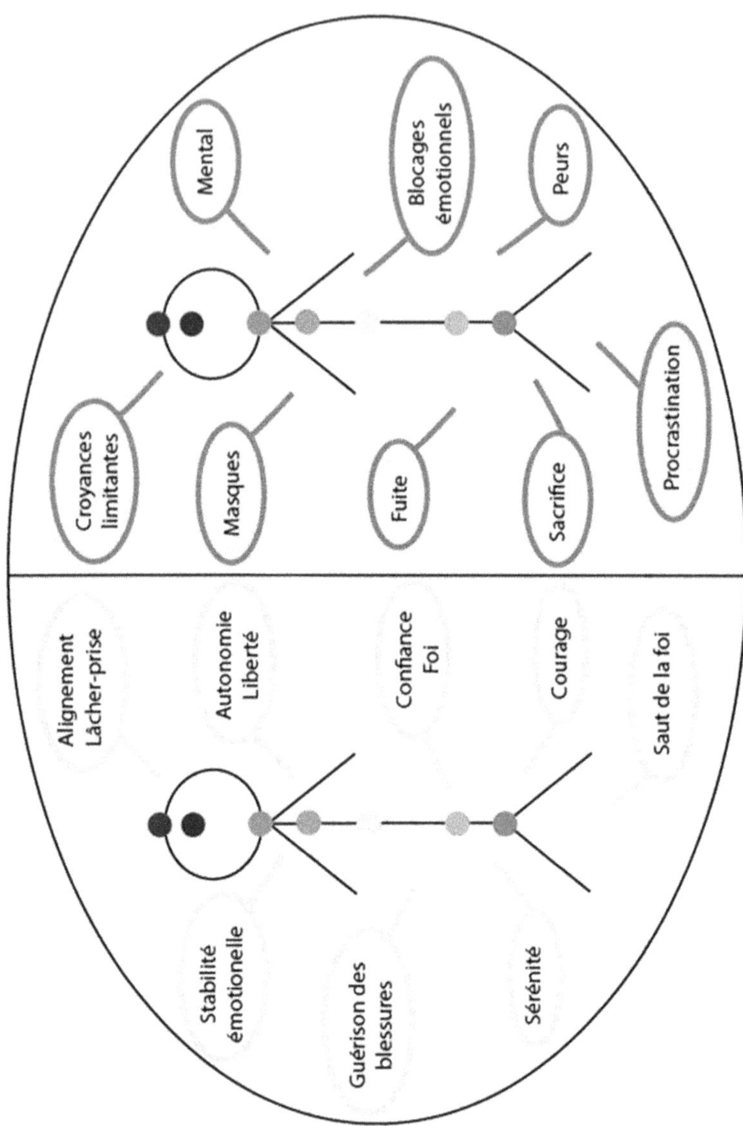

2
Les incontournables du parcours

Combien de fois avons-nous entendu dire que ce lien n'avait pas pour finalité le couple, la vie à deux, le mariage, les enfants, la maison, tout ce que le couple traditionnel a dans sa musette. Il est essentiellement un parcours d'éveil de conscience et de libération. Ce doux rêve d'union est pourtant le carburant qui nous fait avancer.

Digérée la première désillusion d'une relation sentimentale exceptionnelle qui se conclurait par un couple dans la matière, il ne nous reste plus qu'à retrousser nos manches et à se mettre au travail, car le chantier est laborieux et exigeant. Il nécessite de plonger au plus profond de son âme, de déterrer de souvenirs enfouis et de sortir les vieux cadavres des placards.

Le travail sur Soi

La solitude et l'isolement

La phase de distanciation avec le jumeau, si elle est longue et éprouvante, est un passage obligé et salutaire. Nous réalisons notre parcours dans une distance incompréhensible et difficilement supportable imposée par notre jumeau, mais c'est la condition sine qua non de notre évolution. Celui des deux jumeaux qui est conscient du lien débute un travail solitaire, difficile et fastidieux qui permettra au jumeau non-conscient de s'éveiller par la suite (mais cela ne signifie pas que celui-ci ne fait rien pendant tout ce temps).

Le travail nécessaire d'introspection

L'isolement, s'il est subi et inconfortable, est indispensable si nous souhaitons effectuer un travail d'introspection permettant de réaliser l'étendue de nos blocages et de nos dysfonctionnements. Le parcours ayant pour finalité le retour à Soi, il paraît logique que les jumeaux le réalisent chacun de leur côté.

Le parcours se vit seul d'autant plus que les blessures, les peurs et les comportements sont diamétralement opposés et que les recettes qui fonctionnent pour l'un ne sont pas forcément transposables à l'autre.

Entrer dans sa grotte intérieure

Contrairement à mon jumeau qui a besoin d'être entouré, de plaire, de se sentir rassuré par de nombreuses présences autour de lui, j'ai toujours été une personne solitaire. Ce trait de caractère m'est venu par la force des événements puisque la vie m'a appris tôt à devoir ne compter que sur moi-même. Après la mort de papa, chacun est parti de son côté. Mère et frères, chacun a tracé sa route, trouvé les moyens de se reconstruire et de continuer à vivre après ce drame. J'étais la petite dernière, dans un foyer sans communication et sans affection. J'ai dû trouver les ressources pour m'en sortir et apprendre à être seule. Finalement, la solitude ne m'a jamais posé problème. J'ai appris à m'y accoutumer, même si elle n'est agréable pour personne. Le parcours d'éveil entraîne une montée en vibration et implique de faire des choix et de se couper de certaines relations. Nous sommes poussés à nous libérer de toutes formes d'attaches, quitte à faire souffrir des personnes autour de nous.

Tout ce que j'avais mis en place tout au long de ma vie pour ne pas être seule a volé en éclat avec la reconnexion à mon autre. Je me suis souvent demandé à quoi tout ce chamboulement pouvait bien servir puisque je me trouvais encore plus seule qu'avant.

Être seul donne l'occasion de se regarder en face, à l'intérieur, sans détour et en toute transparence, afin de se connaître mieux, de comprendre ses émotions, ses états d'âme et ses pensées les plus intimes.

Les « nuits noires de l'âme »

Les nuits noires de l'âme sont un passage inévitable dans un chemin d'éveil de conscience et plus particulièrement dans un parcours de flammes jumelles. Ce sont des phases dépressives pouvant aller de quelques jours, à quelques semaines, voire des mois entiers, pendant lesquelles nous nous sentons perdus, abattus, démoralisés. Elles peuvent apparaître et disparaître aussi vite qu'elles sont venues sans qu'il y ait de raison évidente, et nous plongent dans un profond désarroi.

Cette succession de hauts et de bas peut être activée par les phases lunaires, par les portails énergétiques et par la période actuelle d'ascension planétaire (la Terre est aussi une âme qui souhaite évoluer) qui nous soumettent à de fortes pressions énergétiques et permettent de franchir des paliers de conscience. Ces crises profondes de l'âme peuvent être également provoquées par les attitudes et le comportement du jumeau.

Docteur Jekill et Mister Hyde

Il revient vers nous, après tout ce temps, plein de belles promesses, des étoiles dans les yeux. Il provoque une occasion, il insiste, il argumente, il nous tente. Alors nous reprenons espoir, nous oublions instantanément toute la souffrance passée et nous sommes prêts à tout lui pardonner. Nous voyons enfin le bout du tunnel et imaginons une fin heureuse à toute cette histoire...

Mais le doux rêve tourne rapidement au cauchemar, car le jumeau n'a pas réglé ce que nous voyons chez lui comme des « problèmes », pas plus que nous n'avons réglé les nôtres d'ailleurs.

Face au revirement de situation et à la volte-face du jumeau, pouvant passer de Docteur Jekill à Mister Hyde en l'espace de quelques heures, je m'effondre comme un château de cartes et une sensation de vide incommensurable m'envahit, comme si le sol se dérobait sous mes pieds. Des idées morbides me viennent, je pleure toutes les larmes de mon corps et rentre chez moi lessivée, broyée, et c'est reparti pour un tour !

Mais malgré les doutes, la tristesse et la déception, ma combativité reprend toujours le dessus et la flamme de ce lien me pousse à ouvrir d'autres portes et à poursuivre mon chemin coûte que coûte.

La souffrance que génèrent ces nuits noires de l'âme est l'occasion d'identifier nos peurs, nos blocages et nos blessures, afin de les comprendre pour pouvoir les libérer. Ces périodes où le vide et le désespoir nous envahissent nous apprennent à nous relever, à ne pas douter de notre valeur et à renforcer notre estime de nous-mêmes.

Lorsque nous commençons à nous équilibrer, nous apprenons à identifier ces états d'âme lorsqu'ils se présentent (chute soudaine de moral, vague à l'âme, pensées négatives), à les prendre en charge et à opérer des transformations en nous. De ce fait, ces crises nous impactent moins au quotidien et sont l'occasion d'avancer puisqu'elles nous amènent des compréhensions. Elles sont également un formidable outil de libération énergétique si nous vivons pleinement ces émotions, en les accueillant et en les exprimant (pleurer, crier, mais aussi se reposer, aller en nature).

Revisiter son histoire et guérir ses blessures

La polarité Yang est dans le contrôle : elle a pris l'habitude de mentaliser ses émotions pour les comprendre et ne plus les subir. Elle a déjà cheminé dans sa vie pour faire taire sa souffrance et vivre plus confortablement avec un passé douloureux, mais le jumeau vient appuyer sur des plaies si mal refermées qu'elles en deviennent insupportables.

Elle redouble alors d'efforts, se pose des questions, tente de maîtriser cette situation qui la dépasse, en vain. Seul un travail sur soi lui permettra de comprendre ses blessures et d'apaiser ses souffrances.

<u>La blessure originelle</u>

L'origine de la blessure de chaque jumeau vient de la séparation dans l'œuf cosmique des deux doubles d'âme : la polarité Yin est expulsée de l'œuf et vit la blessure de rejet, tandis que la polarité Yang, restée dans l'œuf, vit l'abandon de son jumeau.

Dans cette incarnation, chaque jumeau va mettre en place des mécanismes de protection afin de ne plus revivre la séparation. Tandis que la polarité Yang se crée une armure de protection pour ne plus souffrir, la polarité Yin est dans l'hyperadaptation, se construit un personnage fictif afin de ne pas être rejeté, et cache sa vulnérabilité derrière des masques.

Le duo d'âmes travaille en miroir puisque nous réalisons que les problématiques que nous voyons chez notre autre sont en résonance avec nos propres problématiques. En restant dans le silence, à l'écart, loin de nous, notre jumeau nous montre nos dysfonctionnements et déclenche une souffrance qui réveille des blessures pour nous permettre de les dépasser. Il est celui des deux qui ouvre la voie à l'autre sur le chemin de libération de tout ce qui nous encombre.

En outre, les blessures de rejet ou d'abandon ne sont pas les seules auxquelles le duo est confronté puisque ce parcours nous amène à revisiter notre histoire personnelle de fond en comble.

Identifier nos blessures et nos modes dysfonctionnels

La blessure d'abandon

Avant même de ressentir l'impact de la séparation originelle, la blessure d'abandon de la polarité Yang est expérimentée dans l'incarnation puisque notre âme crée les conditions terrestres de cet abandon.

Cette blessure peut provenir d'un manque affectif dans l'enfance ou d'une éducation qui a laissé peu de place à l'expression de ses émotions. Un environnement familial déséquilibré nous amène à nous autonomiser tôt. Le rejet du jumeau vient réactiver cette part souffrante en nous que nous avons tenté par tous les moyens de mettre sous silence toute notre vie. Nous pensions bien être parvenus à la museler en créant une carapace de protection, mais le lien de flammes jumelles va faire voler en éclat cette belle stabilité que nous avions mis tant d'années à construire.

Notre âme expérimente au cours de multiples incarnations toutes les souffrances que l'homme puisse endurer afin de les transcender et de s'élever vers la lumière. Quel cadre plus propice pour faire l'expérience de l'amour que de grandir dans un foyer sans amour ?

L'abandon des miens

Nous vivions dans un petit village de montagne avec mon père, ma mère, mes frères et ma grand-mère, dans un cadre privilégié et un environnement affectivement sécurisé, avant que le drame ne survienne. La mort de mon père a bouleversé nos vies et a fait exploser cette belle harmonie familiale. Nous avons déménagé et chacun est parti de son côté pour panser ses plaies et tenter de survivre. J'étais la petite dernière et tout ce qui faisait ma vie d'avant venait de s'effondrer. D'une famille aimante et présente, je me suis retrouvée seule, mal-aimée et abandonnée. J'ai dû trouver les moyens pour me reconstruire en l'absence d'un père et avec une mère qui venait de subir la perte de son mari et de tous ses repères.

L'enfant de polarité Yang se forge une carapace pour ne plus se laisser atteindre et se replie sur lui-même. En grandissant, il comprend qu'il ne peut compter que sur lui et ne veut plus dépendre des autres. Ces épreuves lui permettent de développer une force de caractère, une adaptabilité face aux aléas de la vie et une imperméabilité au jugement des autres. Mais le rejet du jumeau va fissurer ce mode de protection que la polarité Yang a mis toute une vie à construire.

L'armure de combat

Je croyais pourtant bien en avoir fini avec cette vieille blessure d'abandon. Des années que je la scrute fidèlement, que j'analyse la moindre de ses réactions, que je surveille la plus petite défaillance. Je pensais avoir fait la peau à cette vieille carpette de misère, à ces souvenirs honteux de mon enfance où j'étais la pauvre petite orpheline de père, à ces faiblesses intrinsèques que je traîne comme un boulet à mon pied.

Je me connais parfaitement, j'ai appris à maîtriser mon environnement pour ne pas montrer mes failles ; je me suis forgée une armure de combat pour ne pas souffrir. Je prends soin de sélectionner les personnes autour de moi pour ne pas me laisser envahir, à mettre des murs entre moi et les autres pour ne pas être démasquée, pour ne pas qu'ils puissent voir ma vulnérabilité et leur donner la possibilité de me faire du mal.

La blessure d'humiliation

Nous subissons l'indifférence du jumeau, ses silences, ses mises à distance, sa non-communication, son mépris parfois. Nous le voyons souriant, aimable et proche des gens alors que nous ne recevons que des non-réponses, des dos tournés et des portes fermées… De cet autre, que nous aimons plus que tout sans vraiment comprendre pourquoi, nous sommes prêts à tous les sacrifices et subissons ses humiliations, jusqu'à retrouver l'amour de nous-mêmes et la force de dire stop à sa maltraitance.

Sortir de l'esclavage

J'ai eu l'image d'une jeune femme nue, à genoux, les poignets enchaînés, qui était fouettée. Je me suis demandé si c'était une image qui remontait d'une vie antérieure ; je l'imagine esclave dans une mine de sel.

Les souvenirs souffrants d'une vie antérieure remontent lorsqu'ils font écho à notre souffrance actuelle ou lorsqu'une situation a été cristallisée dans le passé et qu'il faut la libérer. Cet autre moi d'une autre vie me renvoyait l'image de mon indignité. Que n'a-t-elle enduré dans sa vie pour me voir accepter une telle maltraitance de la part de cet homme. Esclave, elle a enduré mille tourments, mais elle ne pouvait pas lutter, alors que contrairement à elle, j'ai les moyens de refuser cette situation.

Face au rejet du jumeau, je me suis dénigrée, rabaissée, je me suis trouvée nulle, moche, indigne d'intérêt. Jamais personne ne m'a aussi mal traité dans la vie ; pas une seconde je ne l'aurais accepté. À chaque fois qu'un homme s'en est pris à moi ou à mes enfants, je suis partie sans attendre. Dès qu'une relation ne me convenait plus, je partais... Mais là, je continuais à m'accrocher. C'était incompréhensible, plus fort que moi. Mais je n'en veux pas à mon jumeau : il n'a fait que mettre en lumière cette maltraitance que je m'imposais à moi-même.

Rester digne, c'est refuser des relations où nous ne recevons rien. Se respecter, c'est refuser que quelqu'un nous fasse du mal.

C'est un devoir envers toutes ces femmes de mes vies antérieures qui ont été jugées, humiliées, bafouées. Je le dois à toutes celles qui ont été maltraitées, méprisées, sûrement battues, violées ou tuées par des hommes. Ce combat pour la dignité est un combat de génération en génération de femmes avant moi. Comment mon jumeau pourrait-il me respecter alors que je ne me respecte pas moi-même, que je suis prête à Tout donner et à me mettre en état de soumission sous prétexte que j'ai manqué d'amour dans ma vie ?

Nous oscillons dans « le triangle de Karpman » entre la position de « bourreau » lorsque nous tentons de contrôler la relation, d'emmener notre jumeau dans notre direction et entrons dans la colère lorsqu'il nous échappe ; la position de « sauveur » lorsque nous voulons le faire changer, car nous voyons ses dysfonctionnements et nous estimons savoir ce qui est bon pour lui ; et la position de « victime » lorsque nous acceptons sa maltraitance en continuant à l'aimer malgré la souffrance qu'il nous fait endurer et tombons dans un amour sacrificiel.

Dans chacun de ces cas, nous remettons les clés de notre dignité entre les mains d'un autre. S'ouvre alors la possibilité de « sortir du triangle » en comprenant nos modes de fonctionnement et en travaillant sur nos blessures.

Lorsque le jumeau devient notre bourreau

Le jumeau a mis en lumière tous mes comportements dysfonctionnels. Il suffit de regarder la réaction que produit chez moi son rejet : je suis retombée dans mes vieux travers de l'hypercontrôle, j'ai réagi par la colère et les reproches, j'ai mis en place des stratégies de protection par le repli sur moi, le dénigrement de l'autre et de moi-même, le rejet du lien…

J'ai d'abord gaspillé mon énergie à tenter de lui plaire, à paraître parfaite à ses yeux, à essayer de me calquer sur ses désirs, puis, devant l'échec cuisant, j'ai essayé de me faire détester de lui par des stratégies d'évitement ou de colère.

Dans chacune de ces situations, mon regard était tourné vers lui alors qu'il aurait dû rester braqué sur moi pour essayer de comprendre pourquoi je réagissais de cette façon et par quels moyens revenir à l'essentiel, qui est l'amour.

La victimisation

La victimisation est un mode de protection que nous nous forgeons afin de nous dédouaner de notre responsabilité dans les difficultés que nous rencontrons et que nous rejetons bien souvent sur les autres.

Être victime de soi-même

Longtemps je me suis crue victime du sort, de la fatalité, de la malchance. Perdre son père si jeune, c'est amputer sa vie d'une présence rassurante, forte, qui construit notre stabilité intérieure et notre façon d'aimer. Au fil des ans, cette position est devenue un alibi pour ne pas avancer, pour rester cachée, pour m'apitoyer sur un destin tragique. Rejeter la faute à l'extérieur, sur les autres, sur le sort, sur sa famille, sur Dieu, c'est refuser d'affronter ses problèmes et de prendre sa vie en main.

Le processus de guérison

Mettre fin aux croyances limitantes

Les croyances limitantes sont profondément ancrées dans nos modes de pensées. C'est la petite voix qui serine dans notre tête : « Tu ne vas pas y arriver, tu n'en es pas digne, tu n'en es pas capable... »

Il arrive qu'elles nous soient implantées dans le subconscient par notre entourage et nous coupent dans notre élan de vie : « Tu es bien comme ton père. Que va-t-on faire de toi ? Souviens-toi comment ça s'est terminé la dernière fois... » Ce sont toutes ces petites phrases assassines à qui nous avons donné du crédit, que nous avons faites nôtres et qui nous entraînent parfois dans des stratégies d'autosabotage.

Retrouver l'amour-propre et la confiance en soi est le meilleur moyen de les faire taire. Cela passe par une discipline et un mode réactionnel qui les stoppent et les désactivent avant qu'elles ne réalisent leur travail de sape ; d'autant que le point d'origine de ces croyances est souvent stupide et révoltant.

Cette petite phrase idiote

Certaines phrases sont restées gravées dans mon esprit et ont sûrement participé à des choix de vie sans même que je n'en ai eu conscience. Je me souviens de cette phrase d'un proche : « Tu n'es pas une vraie Anérot parce que tu vas perdre ton nom en te mariant ». Je ne saurais dire si cette phrase idiote m'a dissuadée de me marier, mais mon nom de famille était tout ce qui me restait de mon père ; il n'était pas question de le perdre par le mariage. À cette triste constatation, j'ajoutais que « de toute façon, personne ne m'amènerait à l'autel, pauvre orpheline que j'étais ».

La tentation du désamour

D'autres croyances font partie de ces litanies qu'on se répète, qui participent de ce dénigrement de soi et ont un fort pouvoir de découragement : « Je ne mérite pas d'être aimée ». La blessure d'abandon crée une simplification désastreuse de notre réalité : « je n'ai pas été aimée par mes proches. Comment mon jumeau pourrait-il m'aimer alors que les personnes de ma famille ne l'ont pas fait ? »

Guérir cette blessure, c'est comprendre que lorsqu'on est enfant, il est normal d'avoir besoin d'amour et de sécurité. Retrouver l'amour de soi, c'est réaliser que je ne suis pas responsable du désamour de ma famille.

<u>Se libérer de la dépendance affective</u>

Être dans la « dépendance affective », c'est attendre de l'autre qu'il vienne combler nos manques, qu'il accepte nos failles et parvienne à les compenser. Elle nous place dans une cage dorée : nous troquons notre liberté, nos aspirations profondes, notre être véritable contre la sécurité affective.

À travers le rejet du jumeau, nous rejouons la scène de l'abandon afin de parvenir à identifier ce mal, comprendre nos comportements dysfonctionnels inconscients et parvenir à les guérir. Ces derniers transparaissent particulièrement dans notre vie sentimentale et dans le choix des partenaires pour la polarité Yang. Nous donnons tout, nous essayons de toujours faire mieux pour être aimés et nous acceptons de nous mettre de côté, de nous fondre dans l'autre pour ne pas risquer d'être à nouveau abandonnés.

Le choix des partenaires

La peur de l'abandon m'a incité à choisir des partenaires qui, potentiellement, ne me « quitteraient jamais ». Je les ai choisis, sur une liste de critères bien définis, dans une stratégie de protection inconsciente, pour combler mon insécurité affective. Lorsque des problèmes se présentaient dans le couple, je ne communiquais pas, je serrais les dents et je tentais de les régler par moi-même.

Ce schéma relationnel me vient probablement de ma mère qui ne donnait que peu d'affection et ne s'épanchait pas sur ses émotions. Fille aînée d'une fratrie de onze enfants, habituée à faire son devoir envers sa famille et à se mettre de côté, ayant subi des comportements anormaux de certains hommes dans sa jeunesse et ayant perdu son mari tôt, je réalise quelle difficulté ce devait être pour elle de simplement aimer. J'ai transposé le mode relationnel issu de ce schéma familial sur mes relations de couple, en pensant que c'était le mode relationnel « normal » puisque c'était celui que j'avais toujours connu.

Ce mode de fonctionnement amène inévitablement à un point de rupture, qui a pu être brutal et inattendu pour mes partenaires parce que, malgré la souffrance que j'allais inévitablement provoquer, je n'avais pas le choix que de mettre fin à ces relations. Lorsque je les ai quittés, ce n'était pas « contre eux », mais « pour moi ».

La dépendance affective concerne tous ceux et celles qui attendent du couple ce qu'ils pensent ne pas pouvoir s'apporter eux-mêmes :

– Ceux qui sont en quête de sens : l'autre me permet d'exister, il donne un sens à ma vie, il me permet de trouver mon identité.

– Ceux qui sont en quête de réalisation : l'autre me donne une sécurité affective et financière pour me réaliser à l'extérieur.

– Ceux qui sont en quête de stabilité : l'autre va m'apporter un foyer, une famille, des enfants, il comble mon besoin de réalisation à l'intérieur.

Au début du parcours, le lien de flammes jumelles nous leurre sur la réalité de la relation : dès que nous comprenons l'importance de ce lien, nous retombons dans la dépendance affective qui nous fait voir en l'autre celui qui va régler nos problèmes, nous apporter un amour absolu et nous construire un lit douillet et sécurisé.

Mais le jumeau vient mettre un coup de pied dans la fourmilière, sur nos dysfonctionnements et notre dépendance affective, et repart aussi vite qu'il est apparu. Il nous laisse un tas de décombres à déblayer, une souffrance réactivée au niveau mental et émotionnel, et un chantier de déconstruction à mener.

Éclairer ses parts d'ombre

Les peurs

Les peurs sont les résultantes des blessures de l'âme, leur manifestation inconsciente. La seule manière de combattre une peur, c'est de la regarder en face et de l'affronter.

La peur de finir ma vie seule

Le manque de confiance né du désamour de ma famille a généré une angoisse de finir ma vie seule. Elle rejoint la peur d'être abandonnée, mais dans ce cas précis, en fin de vie. Elle renvoie également à une peur primale, innée, viscérale, héritée de l'instinct de survie qui nous enjoint à rejoindre le groupe selon l'idée que seul, on ne survit pas. Derrière cette peur se cache celle de la vieillesse, de la déchéance du mental, de la souffrance du corps qui subit les outrages du temps, de l'autonomie que l'on perd...

Les peurs appartiennent à notre histoire personnelle, mais peuvent également provenir de l'environnement politique, culturel, professionnel, familial, religieux dans lequel nous vivons : cet environnement nous dicte des valeurs, des comportements, des normes à respecter sous peine d'exclusion, de punition ou de séparation. Nous acceptons de nous plier à ces systèmes parce que nous avons peur d'être isolés du groupe en allant contre la voix de la majorité. La peur d'être exclu si nous faisons des choix en conscience est d'autant plus présente qu'elle est véhiculée par les médias qui créent un climat anxiogène et nous font adopter des comportements générés artificiellement, qui ne relèvent pas de notre être profond.

Les habitudes malsaines

L'éveil de conscience consiste à accueillir la lumière en nous afin d'éclairer nos parts d'ombre. Il nous pousse à réfléchir sur nos habitudes malsaines, qui peuvent être des vices (alcool, tabac, drogue, addiction au jeu...) ou des comportements sexuels déviants (pornographie...). Elles peuvent se présenter comme des habitudes inavouables ou des addictions dont nous avons des difficultés à nous défaire et qui n'ont pas de place dans un parcours de flammes jumelles ; elles doivent être écartées, chassées, nettoyées.

Certaines habitudes peuvent paraître parfaitement anodines et usuelles en société, comme celle du jugement critique envers l'autre. Nous pouvons être entourés de personnes qui dénigrent les autres ou nous trouver dans des lieux propices à la calomnie et à la critique. De la simple moquerie sur le physique d'une personne jusqu'à la médisance et le mépris, ne pas s'y opposer est une façon de l'avaliser.

La surreprésentation de la violence dans les médias et dans les films nous habitue à des images de meurtres, de corps abîmés, de douleur, de souffrances causées à des femmes ou à des enfants (viols, attouchements, actes pédophiles...) et nous conditionne à ce qui semble être une réalité inéluctable. Nous adoptons souvent une attitude passive face à cette violence qui paraît ordinaire, banale, alors que nous ne devrions la rejeter.

Les énergies négatives présentes dans notre environnement immédiat entrent dans notre aura comme un cancer ; elles sont comme le ver dans la pomme, une faille dans laquelle s'engouffre le sombre. Nous pouvons chercher dans notre histoire personnelle l'origine de ces énergies néfastes à travers des événements traumatiques du passé qui auraient laissé leur empreinte en nous, ou à travers des personnes que nous avons côtoyées, qui nous auraient transmis un peu de leur noirceur.

L'atteinte à la sexualité

Cette habitude sexuelle est en soi peu condamnable : elle ne fait de mal à personne, elle est basée sur le plaisir, mais il suffit d'en identifier l'origine pour se convaincre qu'elle relève de la dépendance affective. Lorsque mon père est décédé, nous avons déménagé et ma mère a dû trouver un travail. Un été, où elle n'a pas pu nous garder, nous avons été envoyés, mes frères et moi, en colonie de vacances. Le récent bouleversement dans ma vie était encore douloureux, incompréhensible et j'ai vécu ce séjour en colonie comme un nouvel abandon. Cette habitude est apparue à cette époque, sans doute pour me rassurer et combler un manque de présence et d'affection. Je suppose que les attouchements que j'ai subis à l'âge de 10 ans participent de cette part sombre en moi, alimentée par un égrégore de perversité et d'habitudes malsaines dans ma famille.

Dès que j'ai accepté et remonté le fil de cette histoire, ma culpabilité s'est apaisée.

La systémie des Flammes Jumelles

Le duo de flammes jumelles est un système gémellaire dans lequel les jumeaux sont interdépendants. Cette systémie s'exprime à travers « la théorie des vases communicants », puisque les avancées de l'un entraînent l'autre dans son évolution, et « le travail en miroir » puisque les problématiques chez l'un entrent en résonance avec les problématiques de l'autre et poussent chaque jumeau à les résoudre.

Ce système de comportements et la succession des étapes dans le parcours se retrouvent dans tous les couples de flammes jumelles et chaque jumeau a un rôle bien précis dans le duo, en fonction de sa polarité dominante : la polarité Yang est attachée au monde de la matière avec une prédominance des chakras du bas du corps (chakras racine et sacré) et de la conscience physique (élément Terre) et mentale (élément Feu) ; elle devra se détacher de la matière pour se connecter aux mondes subtils et aux énergies de La Source. À l'inverse, la polarité Yin est attachée au monde artificiel, avec une prédominance des chakras du haut du corps (chakras coronal et Troisième œil) et de la conscience émotionnelle (élément Eau) et spirituelle (élément Air) ; elle devra travailler son ancrage et son engagement dans la matière.

Les différences entre les jumeaux

Les différences entre les jumeaux peuvent être de plusieurs ordres et se cumuler : différences physiques (taille, morphologie, couleur de peau, handicap...), différence d'âge, de culture, de statut social, de valeurs, de religion, de localisation géographique, de préférence sexuelle (notre jumeau peut être du même sexe alors que nous sommes hétérosexuels)… etc.

Le fossé entre les jumeaux peut paraître tellement grand que nous nous décourageons. Un monde semble nous séparer. Pourtant, ce qui au premier abord nous divise est en réalité ce qui nous unit puisque les différences sont la force et la richesse du couple. La relation doit se nourrir de la différence, de l'acceptation de l'autre, dans toutes les parties de son être.

La différence d'âge

Cette problématique, parmi d'autres différences entre nous, m'est d'abord parue handicapante pour mon jumeau vis-à-vis du regard de la société et de son entourage amical et familial puisque je suis plus âgée que lui. J'ai pensé que le jugement des autres, les moqueries, les regards appuyés pourraient déstabiliser mon jumeau en quête de reconnaissance sociale et préoccupé de l'image qu'il donne de lui en société. Cette différence impliquait de surcroît qu'il devrait abandonner l'idée d'avoir un enfant et de fonder une famille, sans parler des craintes légitimes qu'il pourrait avoir sur notre sexualité. Le décalage physique augmenterait de surcroît avec l'avancée en âge.

Au fil du cheminement, j'ai réalisé qu'elle pouvait aussi avoir un rejaillissement sur moi dans le cas d'une réunion puisque la différence d'âge implique un décalage dans notre façon de vivre, nos centres d'intérêt, nos loisirs... En outre, sa légèreté, sa difficulté à s'engager et sa tendance à se laisser porter par la vie s'opposent à ma façon plus frontale et volontaire d'appréhender les événements.

J'ai également pris conscience que je ne pourrais pas accepter un partenaire de vie qui préférerait vivre une relation cachée, non officielle, à cause de cette différence d'âge, car trop compliquée à vivre au grand jour et qui deviendrait fatalement un obstacle dans l'équilibre à trouver en couple.

Je ne suis sans doute pas la femme qu'il imaginait dans sa vie et il m'oppose des différences contre lesquelles je ne peux lutter.

Pour autant, du point de vue de l'âme, la différence d'âge est non seulement un critère de choix sur le chemin d'évolution des jumeaux, mais n'est en réalité qu'un simple décalage dans le choix de la date d'incarnation des jumeaux. L'âme se situe au-delà des concepts d'espace et de temps. Dans « l'espace quantique », le passé, le présent et le futur sont complètement imbriqués et le temps n'a que peu de valeur aux yeux de l'éternité.

Seul un couple stable, avec un amour puissant, peut dépasser ces problématiques. Certaines différences sont liées à la notion de temps qui est un concept « terrestre » très présent dans nos sociétés actuelles (être avec une personne de son âge par exemple) et à de vieux schémas de pensées (être avec une personne du même niveau social, de la même culture, de la même religion) qui devront être revisités selon les paradigmes de la « Nouvelle Terre » (concept qui sera abordé en dernière partie).

L'amour transcende toutes les différences. Ces dernières sont une composante essentielle du travail à effectuer par le couple sacré si nous souhaitons évoluer vers une société tolérante, égalitaire et fraternelle, et sortir du règne des apparences et de l'illusion de la dualité (le fait de se croire séparé des autres).

Le travail sur l'extérieur

Les libérations karmiques

Les vies antérieures avec le jumeau

Nous avons des incarnations communes avec notre jumeau qui sont à l'origine de nœuds karmiques qui doivent être résolus. Ceux-ci peuvent résulter d'un renoncement d'un des jumeaux de la réalisation du couple dans la matière ou d'une tierce personne qui aurait empêché le couple de se réunir.

Les nœuds karmiques doivent être dénoués afin de surmonter ce qui a fait obstacle dans les incarnations précédentes. Il y a une résonance holistique de ce travail sur les mémoires négatives puisque le travail de reprogrammation positive va avoir des impacts sur tous les aspects de la vie de la personne (professionnel, amical, familial…) et du couple de flammes jumelles, mais aussi sur toute la lignée transgénérationnelle et sur les mémoires collectives.

Les incarnations communes appréhendées par le Tarot de Marseille

Le Tarot de Marseille est un formidable instrument de connaissance de Soi à travers la symbolique de ses 22 arcanes majeurs (78 cartes en tout avec les arcanes mineurs). Il est la première découverte et réalisation concrète à mon éveil de conscience puisque je me suis inscrite à des ateliers de tarot. Plus tard, j'ai conçu mon propre jeu de cartes oracle « La magie de l'âme ».

La guidance à travers les cartes permet d'obtenir des pistes de compréhension sur ce que nous vivons et est un éclairage sur notre chemin d'évolution. Il suffit pour s'en convaincre de constater que les 7 premières cartes du Tarot de Marseille forment un axe « terrestre », de formation, les 7 suivantes, un axe de « transformation » à travers le questionnement sur Soi, et les 7 dernières, avec le Mat, un axe de « mutation » vers la spiritualité et le basculement vers l'inconnu, la nouveauté. Ce jeu permet d'effectuer des tirages karmiques riches en informations sur notre incarnation terrestre, mais également sur notre lignée transgénérationnelle, nos vies antérieures… etc.

Le Tirage de la ligne de vie

Ce tirage, basé sur le nom, le prénom et la date de naissance des jumeaux, permet d'aligner 6 cartes du Tarot de Marseille et donne un aperçu du karma de la personne (la date de naissance), des informations sur ce qu'elle apporte avec elle dans cette vie (le prénom) et sur l'expérience qu'elle vivra dans le milieu familial qu'elle a choisi pour s'incarner (le nom).

Nos lignes de vie

Ma 1ère lame (qui suis-je à ma naissance : ma personnalité, ce que je rapporte de mes vies antérieures) est « La Roue de la Fortune » :

Le milieu familial est instable et amène à déménager souvent. Cela donne une insécurité qui oblige la personne à trouver seule son équilibre pour ne pas rester dans cette instabilité.

Ma 2e lame (le milieu familial dans l'enfance, sa réalité ou la perception et les sentiments que j'en ai) est « Le Monde » :

Le manque de communication familiale amène la personne à vivre une grande solitude morale. Elle se crée un monde imaginaire rassurant pour se protéger du monde extérieur.

Ma 3e lame (le milieu familial dans mon adolescence) est « L'Impératrice » :

Une famille qui se coupe de ses émotions, une communication difficile qui amène la personne à vivre dans sa tête et à se débrouiller seule pour trouver ses repères.

Ma 4e lame (la vie active et la vie d'adulte, la manière dont je peux ou je dois me comporter face aux situations que je rencontre) est « L'Arcane sans nom » :

La personne, par son attitude extrémiste, sera remise en question brutalement et de façon régulière jusqu'au jour où elle se détachera de son vécu familial qui rappelle un vécu plus ancien.

Ce premier tirage correspond au chemin de vie que j'ai traversé jusqu'à présent, fait d'instabilité, d'insécurité affective, d'isolement et de ressources à mobiliser. Les 5e et 6e lames sont identiques avec celles de mon jumeau.

5e lame commune (aboutissement du chemin parcouru dans cette vie et mission de vie) est « La Force » :

La personne doit accomplir un travail de connaissance de soi en profondeur afin de comprendre qu'elle peut être forte et réussir brillamment sa vie, à condition qu'elle développe une maîtrise naturelle de ses émotions et de ses sentiments.

6e lame commune (bilan de cette existence et attitude à adopter pour réussir sa vie) est « L'Arcane sans nom » :

La vie obligera la personne à des transformations radicales en lui retirant ce qu'elle aura acquis afin qu'elle recommence encore et toujours à avancer sur son chemin. Ce sera à chaque fois une petite mort à vivre, où elle apprendra à se dépouiller et à se détacher.

Les 4 premières lames de mon jumeau, décrites ci-dessous, sont également très parlantes et caractéristiques de son profil de flamme jumelle, dit « Runner ».

La 1ère lame du jumeau (conditions de la naissance, vies antérieures) est « Le Chariot » :

La personne a développé rigueur, pouvoir, orgueil et énergie masculine autrefois. En apparence, elle a une forte capacité de réaction, mais en réalité, elle est fort sensible et doit travailler la maîtrise émotionnelle au niveau du plexus solaire. Le milieu familial est contrôlant et exigeant au niveau des principes, ce qui déstabilisera la personne.

La 2e lame du jumeau (enfance, milieu familial) est « Le Jugement » : La famille sera déstabilisante sur le plan émotionnel, soit par étouffement, soit par manque d'expression. La personne aura envie de fuir ou ne saura pas se positionner, tant elle sera déstabilisée. Cela l'obligera à trouver des repères seule par la confrontation à la dure réalité du monde.

La 3e lame du jumeau (adolescence, milieu familial) est « La papesse » :

La famille échange peu. Même si les liens affectifs existent réellement, ils ne sont pas manifestés. La personne éprouve un sentiment de solitude et elle ne peut compter que sur elle-même.

La 4e lame du jumeau (vie active, vie adulte) est « L'Hermite » :

La vie amènera la personne à s'assumer et à ne compter que sur elle et, par sa maturité, à aider les autres. Il lui faudra cultiver la patience et la persévérance. Elle peut connaître un célibat prolongé avant de connaître une âme-sœur.

Mon jumeau rencontre le même niveau d'insécurité affective et d'isolement dans son environnement familial, mais à travers un cadre plus rigide, contrôlant et exigeant.

<u>Le Tirage des nœuds karmiques</u>

Ce tirage sur les arcanes majeurs du Tarot de Marseille permet d'identifier les origines karmiques d'obstacles ou de difficultés rencontrées dans les incarnations communes avec le jumeau. Il va nous renseigner sur les enjeux de causalité entre ce que nous traversons actuellement qui est la conséquence d'un scénario antérieur, la nature du schéma répétitif que nous rencontrons et les peurs inconscientes engrammées au niveau de la mémoire émotionnelle qu'il s'agit de libérer dans le présent.

La 1ère incarnation du couple

Ce tirage m'a inspiré des planches de pendule afin de reconstituer les incarnations communes avec mon jumeau, avec l'identification de chaque polarité, de l'époque et du lieu de naissance, de la profession, de la mission de chaque jumeau, des blessures à travailler, des vœux éventuels, de la cause de la mort et de l'échec de la réunion... etc. J'ai tenté de reconstituer l'histoire de notre première incarnation à partir de ces planches d'incarnation.

Continent : ASIE (Laos, Vietnam ou Cambodge)	**Période :** XVe siècle
Femme	Homme
Métier, activité : Religieuse	**Métier, activité :** Moine
Vœu : Chasteté	**Vœu :** Chasteté
Mission : Foi	**Mission :** Foi
Mort : Emprisonnée	**Mort :** Maladie, épidémie
Blessure : Déception	**Blessure :** Trahison
Profil : Runner	**Profil :** Chaser
Étape du parcours atteinte lors de cette incarnation : Reconnexion	
L'histoire : Il est un moine vagabond qui parcourt l'Asie au XVe siècle. Il rencontre une religieuse. Ils se reconnaissent, mais ne peuvent s'unir, car ils ont fait vœu de chasteté. Elle est emprisonnée par les Seigneurs de la région et meurt de tristesse, tandis qu'il meurt lors d'une épidémie. Le couple n'a pas pu se réunir à cause de circonstances politiques et religieuses de l'époque.	

La blessure de trahison lors d'une incarnation commune

Une hypnose régressive réalisée avec Céline, coach intuitive, a révélé une incarnation commune avec mon jumeau dans laquelle j'étais une Indienne et il était mon frère jumeau. La trahison de ce dernier a provoqué ma mort et celle de mon enfant lors de l'accouchement, générant ainsi un nœud karmique de trahison.

La Source nous offre l'extraordinaire possibilité de réécrire notre histoire et de réparer les erreurs du passé (la Loi du karma). Nous rejouons cette blessure dans l'incarnation actuelle afin de pouvoir libérer cette mémoire négative commune. Cette évidence m'a été révélée par l'enfant de l'Indienne dont l'âme m'a rendu visite en rêve et qui est réincarnée dans la famille de mon jumeau.

La dernière incarnation avec le jumeau

L'astrologie est un outil intéressant dans la connaissance de soi puisque le moment de notre naissance va nous donner une certaine fréquence vibratoire, une coloration particulière à notre personnalité et des potentialités quant à notre chemin de vie.

La synastrie des Flammes Jumelles est une étude astrologique basée sur la date de naissance de chaque jumeau, qui peut valider le lien de Flammes Jumelles. Elle apporte de riches informations sur les blocages que nous avons à travailler dans cette incarnation et que nous n'avons pas pu régler lors de la précédente incarnation.

En outre, la synastrie peut nous révéler que les rôles sont parfois inversés dans le duo afin d'expérimenter toutes les facettes de ce parcours : nous pouvons tout aussi bien endosser le rôle du « jumeau fuyant » et ainsi réaliser que les reproches et les accusations à son encontre sont vains puisqu'il ne fait que tenir son rôle dans une totale « inconscience ».

La synastrie avec mon jumeau

Ma dernière incarnation avec mon jumeau est marquée par l'Angleterre. J'étais une jeune femme très communicative, d'une grande éloquence. J'aimais apprendre, lire, jouer avec les mots ; j'étais sûrement comédienne et je faisais certainement des représentations à la cour. Une vie nomade, faite de nombreux déplacements pour mon métier m'emmène à rencontrer mon jumeau.

Mon jumeau est marqué par l'Écosse dans la vie qu'il croise avec moi. Il avait une vie simple, certainement dans l'art (antiquaire ou écrivain). Il aimait voyager et découvrir. Il vivait dans un monde imaginaire, coupé des réalités. Dépendant et émotif, il avait besoin des autres pour s'épanouir et il était très attaché à sa famille et à ses racines. Il était le contraire de moi : livrée à moi-même dans mon enfance, j'ai dû montrer très tôt une grande adaptabilité, un sens aigu de la débrouillardise et développer une certaine forme d'opportunisme pour avancer dans la vie et survivre.

Éprise de liberté, il m'était difficile de m'engager, les attaches me faisaient peur. Je cachais ma fragilité et ma vulnérabilité derrière un masque de superficialité en restant à la surface des événements, en ne m'investissant pas émotionnellement. Dans cette relation, j'ai préféré fuir plutôt que d'affronter les conflits.

La violence de notre séparation dans cette vie ensemble perdure encore dans notre vie actuelle. Protégé par ses parents, innocent et rêveur, mon jumeau n'était pas préparé à ce qu'il a dû vivre. La séparation a entraîné un fort traumatisme, une fermeture émotionnelle et une difficulté à exprimer ses émotions dans cette vie. Il n'a pas su se positionner par rapport à son entourage, à sa famille et faire le choix du cœur.

La synastrie donne des clés de déblocage en partant de ce que nous n'avons pas réussi à dépasser lors de la dernière incarnation : une quête d'authenticité pour ma part afin d'imposer mes convictions, mes valeurs, retrouver la confiance sur le fait d'être aimée, la recherche de stabilité, la nécessité de sortir de ma zone de confort, le lâcher-prise sur la sécurité, et enfin l'ouverture aux autres et la connexion aux mondes subtils.

Mon jumeau doit parvenir à se détacher du jugement des autres, se positionner par rapport à sa famille et réussir à s'affirmer. L'emprise des traditions, des dogmes existants et des schémas familiaux est forte chez lui, mais sa guérison passera par son indépendance et le fait de retrouver le libre arbitre de son âme. Il doit s'ouvrir à sa sensibilité et à ses émotions, et croire enfin à l'amour.

Le travail sur les liens

Le transgénérationnel

Chacun de nous s'inscrit dans une lignée familiale et a un rôle à y jouer, que ce soit par la libération énergétique (nettoyage des mémoires négatives de notre lignée), par l'intégration de valeurs positives transmises par nos ancêtres ou par nos apports à notre lignée paternelle et maternelle.

Ces mémoires transgénérationnelles, transmises de génération en génération, peuvent être positives comme négatives. Elles peuvent être issues de contrats d'âme (un blocage au niveau de l'argent, de l'amour, un vœu de chasteté, de pauvreté…) ou liées à un ancêtre qui a pu vivre une situation particulière, un problème, un blocage qu'il n'a pas réussi à résoudre dans sa vie. Comme nous sommes un maillon de cette chaîne générationnelle, nous sommes amenés à transcender ces situations pour les résoudre et éviter qu'elles ne se répètent sur les générations suivantes.

Nous mésestimons souvent l'impact du transgénérationnel dans les bagages à nettoyer. Il y a bien sûr le poids des blessures de l'enfance liées à notre environnement de naissance, mais nous avons également un karma familial à épurer. En effet, nous réalisons au fil du parcours que certains de nos comportements ne nous appartiennent pas, mais font partie d'un héritage transgénérationnel qui nous a été transmis tel un boulet que nous traînons au pied.

La rivalité

Avoir une rivale, c'est voir celle qui accompagne celui qu'on aime comme une ennemie, celle qui veut nous voler notre place auprès de lui. J'ai vu les femmes qui sont dans la vie de mon jumeau comme des rivales, celles qu'on appelle « les tierces », qui nous empêchent d'être ensemble, qui le privent de sa liberté de choix, qui lui rappellent ses devoirs envers sa famille, qui l'enferment dans des croyances et des objectifs de vie à atteindre. Je leur ai reproché d'avoir une emprise sur lui, mais j'ai réalisé qu'elles ont juste la place qu'il leur donne. Il garde ces personnes autour de lui, dans son espace énergétique, par amour, par devoir et sans doute aussi par facilité.

À trop me focaliser sur la supposée emprise de sa famille, je n'ai pas su voir que ce comportement avait un écho dans ma propre histoire familiale. Cet effet miroir m'a permis de réaliser que j'avais déjà rencontré ce problème puisque j'ai toujours considéré mes belles-mères comme des « rivales ».

Je me suis souvenue que lorsque j'étais dans la famille de mes partenaires, j'avais une sensation d'étouffement, d'oppression face à la relation mère-fils. J'avais peur qu'il ait trop d'amour à donner à sa mère et qu'il n'en ait plus assez pour moi, qui en ai tant manqué toute ma vie. C'était un sentiment diffus, que je ne savais pas expliquer, jusqu'à ce que je réalise qu'il ne m'appartenait pas.

Les tierces ont leur rôle à jouer. Chacun dans son incarnation joue un rôle. Mais le pire est de s'apercevoir que nous jouons le rôle de quelqu'un d'autre : j'ai compris qu'à travers ce problème avec mes belles-mères, je rejouais la relation que ma mère avait eue avec sa belle-mère.

Cette rivalité entre ma mère et ma grand-mère paternelle était un problème de place : mamie prenait sans doute beaucoup de place dans notre vie de famille lorsque nous étions à Arrens, par sa forte personnalité, par sa présence auprès de son fils unique, par son intelligence et son pragmatisme qui lui faisaient prendre des décisions qui pouvaient paraître comme de l'ingérence auprès de sa belle-fille. Ma mère avait du mal à trouver sa place dans cette relation mère-fils, dans une maison qui appartenait à sa belle-mère, dans un couple où le mari était souvent absent. Maman avait sûrement des difficultés à s'imposer, manquait de personnalité face à mamie ; elle manquait surtout d'amour à donner. Mamie palliait les carences de ma mère.

Ce fut un choc de réaliser que je rejouais dans ma vie toutes les situations de blocage auxquelles ma mère avait été confrontée dans la sienne : le fait d'assumer seule ses enfants, d'être en proie à des hommes vicieux, à la rivalité, à la fatalité...

Les tierces

La tierce a son utilité pour le jumeau, elle fait partie de son expérimentation, d'autant qu'il y a souvent un lien d'âme entre eux.

La polarité Yin doit souvent régler un karma spécifique avec sa mère pour guérir sa blessure de rejet. La relation dysfonctionnelle qu'il a avec elle prend son origine dans les vies antérieures. Leur relation est à la fois fusionnelle et toxique : il ne parvient pas à s'émanciper, à se détacher d'elle, à prendre son envol, car elle le retient et elle contrôle sa vie.

Ce n'est que lorsqu'il aura réglé sa blessure de rejet en rapport avec sa mère et sa dépendance affective, qu'il pourra se tourner vers la relation avec sa jumelle, car l'image qu'il a de l'amour est le fruit de cette relation : une relation étouffante, enfermante, contrôlante, dévalorisante, le sentiment de ne pas être à la hauteur, la peur de perdre sa liberté dans le couple... Quand il s'affirmera et mettra des limites, sa mère comprendra qu'il n'a plus besoin de son contrôle et de sa protection. Il comprendra que quoi qu'il décide, sa mère l'aimera toujours.

Le cheminement de la polarité Yin passe par la compréhension qu'il a donné trop de pouvoir aux tierces dans sa vie. Il devra se libérer de cet attachement et affirmer son identité propre, sans craindre d'être rejeté. Il doit pouvoir prendre ses propres décisions, même si elles ne correspondent pas aux désirs des autres, passer du stade de l'enfant à celui de l'adulte.

Sa famille

J'ai toujours cru que sa famille serait un obstacle à notre relation, qu'elle nous empêcherait d'être ensemble au vu de nos différences. Je n'ai jamais imaginé qu'il puisse craindre que ce soit moi qui n'accepte pas son entourage, son mode de vie et lui demande de choisir. J'oublie trop souvent que dans ce duo, ce qui bloque l'un a forcément une résonance chez l'autre. Est-ce que je suis prête à accepter toutes les parts de lui, sa vie, sa famille, ses habitudes... ?

L'activation de la blessure de trahison

Mon jumeau poursuit son expérimentation. Il a une vie sociale, il rencontre des personnes, d'autres femmes aussi... Imaginer celui qu'on aime avec une autre femme est une épreuve difficile, car, à cause de notre connexion énergétique, nous ressentons ce qu'il vit et cela réactive nos blessures et son corollaire d'émotions (colère, tristesse, découragement...) Alors que je n'imagine pas pouvoir être avec un autre homme, il m'est difficile de concevoir que mon jumeau puisse avoir envie d'être avec une autre femme.

Pour autant, malgré le fait que ce lien soit indéfectible et que nous acceptons parfois l'inacceptable par amour pour son autre, il est des limites que je sais ne pas pouvoir franchir. Au-delà d'une limitation mentale que je m'imposerais par principe, le fait que mon jumeau soit en couple avec une autre femme serait un point de rupture dans le lien. Il serait alors un homme dont le cœur n'est pas à prendre et ce serait également une forme de respect envers la femme avec qui il partagerait la vie.

Malgré la force du lien, ce franchissement serait rédhibitoire par une incompatibilité avec mes valeurs : je ne peux simplement pas aimer une personne qui est engagée avec quelqu'un d'autre. Le ciel pourra bien m'envoyer des foudres karmiques, le cœur n'y sera plus. J'accepterai ce choix, mais je ne pourrais pas le suivre dans cette voie.

Cette pierre d'achoppement est un point d'autant plus sensible qu'elle fait écho à nos incarnations précédentes où nous avons été confrontés à la trahison de l'autre : la trahison du jumeau qui a provoqué la mort de l'indienne et de son bébé et ma trahison lors de la dernière incarnation lorsque j'ai fui la relation.

Les liens toxiques

La vie va mettre sur notre route les personnes dont nous avons besoin pour nous aider à accomplir notre parcours. Si des personnes vont entrer dans notre vie, d'autres ne seront que de passage et vont en sortir.

Contrairement au Yin, la polarité Yang ne s'entoure pas d'une multitude de relations. Son temps est précieux et ses relations triées sur le volet. La solitude ne la dérange pas, elle ne s'entoure que de peu de relations et n'hésite pas à écarter des personnes de sa vie, parfois de manière brutale et définitive, lorsqu'elle considère que ces liens n'ont plus d'intérêt.

Avec la montée vibratoire, il arrive que nous ne soyons plus « sur la même longueur d'ondes » avec certaines personnes et la polarité Yang ne s'attache pas à des relations superficielles ou ne s'encombre pas de relations futiles ou de nature toxique.

On ne choisit pas sa famille

Si, contrairement à la croyance populaire, nous choisissons nos parents avant l'incarnation, il n'en est pas de même pour les autres membres de la famille. Le parcours de flammes jumelles m'a appris à regarder la réalité en face et à considérer que certains liens étaient fictifs.

Je restais attachée à ma famille comme s'il s'agissait d'un devoir ou d'un titre honorifique. Je me rassurais en me sentant appartenir à une famille, je partageais une histoire, un passé, des ancêtres communs avec elle... En réalité, je ne faisais pas partie de leurs vies, ils avaient construit leur propre famille, ils se voyaient et partageaient des moments entre eux, mais je n'en faisais pas partie. Alors, pourquoi rester attaché à des gens avec qui on ne partage rien ? Ainsi va la vie, des gens entrent et sortent de notre vie ; il n'y a pas de fautif, de procès ou de reproches à formuler.

Les doutes sur le lien

Les doutes sont un des aspects le plus difficiles à appréhender dans le parcours. Au début de la relation, nous sommes rongés par l'incertitude d'être ou non « flamme jumelle » : nous avons besoin d'une confirmation que ce que nous vivons et ressentons est bien réel. Or, lorsque nous osons regarder la réalité en face, nous devons bien nous rendre à l'évidence : notre jumeau ne nous parle pas, ne nous regarde pas, ou bien il est absent de notre vie, nous ne l'avons pas vu depuis des mois, il ne nous appelle pas. A l'inverse, il profite, il s'amuse, il prend du bon temps et poursuit sa vie sans rien changer.

Dans ces conditions, comment ne pas perdre espoir et penser que nous avons tout inventé, monté de toutes pièces cette belle histoire d'amour, mais qu'en réalité, elle n'existe que dans notre imagination ?

La volonté de coupure

Lorsque nous sommes intimement persuadés nous être trompés sur ce lien, nous décidons de le couper, de ne plus suivre ce chemin, d'écarter ces pensées obsédantes qui nous ramènent toujours à lui et nous envahissent à tout moment. Notre mental prend le relais : nous lui intimons de reléguer le jumeau aux oubliettes, de le bannir de notre sphère énergétique, de le sortir de notre vie. Nous trouvons les meilleures les raisons du monde de cesser cette folie, d'arrêter de se faire souffrir de la sorte et de revenir à une vie normale. Nous savons que nous sommes capables de mettre autant d'énergie à l'oublier que nous en avons mis à vouloir être avec lui.

Couper le lien

J'étais bien décidée à le chasser de ma vie. Après tout ce que j'avais mis en place, il n'était toujours pas là. Il était grand temps de l'oublier et de stopper cette folie qui ne rimait à rien. J'ai prié le Ciel de le chasser de mon esprit, j'ai ordonné à mon mental d'intercepter la plus petite idée de lui, je lui ai trouvé les pires défauts du monde, je me suis lancée dans toutes sortes de distractions afin de porter mon attention ailleurs et ne plus perdre mon temps en espoirs inutiles...

Mais malgré tous mes efforts et mes bonnes résolutions, je n'y suis pas parvenue : passés les premiers instants de détermination et d'autopersuasion, j'ai été envahie par la tristesse. J'ai commencé à déprimer, à pleurer et à ne plus avoir envie de rien.

Combien de fois j'ai tenté de couper ce lien, mais c'est toujours le même scénario qui se produit : il me ramène toujours à lui. Ce lien est comme un élastique : lorsque l'on tire fort d'un côté pour s'échapper, il nous ramène brutalement à notre point de départ. Impossible de faire machine-arrière, pas moyen d'en sortir : dès le moment où nous sommes reconnectés à notre autre, dès que nous avons mis un pied dans ce parcours, il est impossible de s'en dépêtrer ; on est piégé.

La foi dans le lien

Le lien de flammes jumelles est un lien indéfectible : lorsque nous sommes dans le déni, dans la défiance et le refus du lien, notre vie semble ne plus avoir de direction ni de sens. Face à l'impossibilité d'un retour en arrière et à notre incapacité à aller de l'avant, il arrive un moment du parcours où un choix s'impose : soit nous continuons à douter de ce lien et à errer sans but, soit nous le choisissons.

Le manque de foi

Encore une journée de doutes et de découragement.

Je décide d'allumer une bougie dédiée à l'Archange Gabriel, le messager de Dieu, et je lui parle de mes doutes, de mon désarroi, de ce parcours difficile qui semble ne mener nulle part...

*Je reçois une réponse : **« tu manques de foi. »***

Avoir la foi, c'est bien plus qu'une croyance ; c'est avoir une certitude.

Les doutes sont un point de blocage à dépasser : nous injectons dans le système énergétique du duo des pensées négatives qui ne font que ralentir le processus. Selon la Loi d'Attraction, nous attirons ce que nous vibrons : si nous pensons « doutes, échec, trahison, erreur, rejet, abandon », c'est ce que nous attirons à nous.

Nous réclamons des preuves, des réalisations concrètes, des manifestations… Pourtant, choisir ce lien ne se résume pas au nombre de thérapeutes consultés qui l'ont confirmé, à la masse de preuves accumulées ou à la quantité de messages reçus de notre guide ; c'est suivre l'élan de son cœur. Lorsque nous choisissons ce lien, il n'y a plus de place pour le doute.

Je le choisis

Je suis à bout, complètement lessivée par ces doutes incessants qui m'assaillent, psychologiquement épuisée par cette torture intellectuelle que je m'impose, émotionnellement vidée par ces hauts et ces bas continuels. Il est temps pour moi de faire un choix : soit je continue à souffrir, à douter, à faire place à des pensées morbides et au désespoir, soit je le choisis. Qu'importe les moyens, le temps que cela prendra, ni même le résultat, je décide de croire en ce lien. Je choisis d'écouter mon cœur, j'écarte les doutes de mon espace énergétique.

Faire ce choix fut comme une libération, une grande bouffée d'air frais, un ballon de souffrance qui se dégonfle, les nuages qui se dissipent et laissent place au soleil. Faire ce choix, c'est faire la place dans mon cœur à l'Amour.

Le parcours de flammes jumelles est un chemin qui ne dépend pas de circonstances extérieures, du positionnement de notre jumeau ou d'un quelconque « plan divin », mais seulement de la direction nous souhaitons prendre. Choisir son autre, c'est se choisir, car nous ne sommes qu'Un. Les doutes nous détournent de la vérité qui est que cette relation est un cadeau, une bénédiction, une opportunité extraordinaire d'expérimenter l'amour inconditionnel. Nous éprouvons des sentiments d'une force dont nous ne nous serions jamais crus capables et un amour qui dépasse tout entendement.

3
Le chemin de guérison

Le retour à Soi

La connexion à son âme

L'éveil de conscience est un chemin qui nous mène à notre âme, cette partie de notre être profond qui est écrasée par l'égo, qui est muette face au discours incessant du mental et qui reste cachée suite à des traumatismes de l'enfance.

Le point de départ de cette transformation consiste à écouter notre voix intérieure afin de retrouver cette partie de nous qui a été maltraitée, abandonnée, muselée, pour la laisser s'exprimer.

<u>Retrouver son enfant intérieur</u>

Des situations traumatiques ou négatives de l'enfance peuvent créer des blocages, des croyances limitantes, des blessures qui nous freinent dans notre élan de vie. Elles nous coupent de notre enfant intérieur en nous forçant à entrer tôt et brutalement dans le monde des adultes. Elles peuvent être liées à des violences physiques, sexuelles ou psychologiques vécues, ou à la perte d'un parent qui entraîne la famille dans une situation précaire (difficultés émotionnelles, financières, manque de protection des enfants...).

L'enfant intérieur est cette partie de nous qui respire la joie, la spontanéité, l'insouciance, la légèreté, l'imaginaire qui nous ont été volés par les événements de la vie et qu'il faut aller rechercher.

Retrouver la petite Séverine

Ma vie a commencé le soir du décès de papa. Je n'ai que peu de souvenirs de ma vie d'avant, mais je me souviens parfaitement de ce moment où nous avons appris la mort de mon père.

Je me demande parfois quelle personne je serais aujourd'hui s'il n'y avait eu ce drame dans ma vie. Aurais-je été si différente de celle que je suis à présent ?

J'étais assise à la table d'Arrens, quelqu'un a sonné à la porte et ma mère est allée ouvrir. J'imagine qu'elle s'est mise à pleurer, alors j'ai compris que quelque chose de grave s'était passé. C'est à ce moment-là que mon âme s'est détachée de moi : elle s'est mise en protection pour me couper de mes émotions et m'éviter la souffrance.

Après, tout s'est accéléré, nous avons déménagé, changé de vie, tourné la page, tenté de tout oublier... Je me suis forgée une carapace pour survivre, cacher mes faiblesses et m'en sortir seule.

Ce n'est que des années après, avec l'éveil de conscience, que j'apprends la réalité de l'âme et l'existence de cet enfant intérieur qui était resté caché tout ce temps. La petite Séverine était restée au fond d'une malle dans ma chambre de petite fille ; je suis allée la rechercher.

Retrouver l'enfant intérieur, c'est ne plus tenter d'occulter les souvenirs du passé et entamer un processus de deuil de cette partie souffrante dans notre vie. C'est se reconnaître en tant que victime, savoir se pardonner et pardonner aux autres. C'est comprendre que nous avons le droit d'exprimer nos émotions, d'être triste, en colère, d'avoir peur, mais aussi d'être écoutée et consolée.

Quand nos faiblesses sont une force

Dès que papa est parti, j'ai été en proie aux adultes, à leur toute-puissance et au manque de protection de ma mère, parce que les désirs des adultes l'emportent toujours sur ceux des enfants. J'ai été niée en tant que personne, abandonnée par ceux qui n'ont pas rempli leur rôle, mise en position de vulnérabilité.

Adulte, j'ai fait tout ce travail de déconstruction de mon armure de protection et je me suis sentie à nouveau vulnérable, toute nue, avec la petite Séverine dans les bras que je ne savais pas comment protéger. Alors, j'ai beaucoup pleuré ; ça me faisait honte parce que je n'aime pas me sentir faible. Puis, je me suis dit que c'était bien aussi de pleurer, parce qu'on ne peut pas tout le temps être fort, qu'il faut parfois faire tomber le masque et accepter d'être fragile, car on l'est tous finalement. Exprimer ses émotions, ce n'est pas être fragile, c'est juste être humain.

Reconnecter avec ses bouts d'âme dispersés, abîmés, blessés, c'est accueillir chaque partie de son histoire personnelle, embrasser toutes les périodes de sa vie, les faire siennes et savoir en ressortir le meilleur.

La Séverine pré-adolescente

J'ai toujours eu honte de celle que j'étais à cette époque : je me trouvais grosse, moche, j'avais des difficultés scolaires et des problèmes d'intégration à l'école.

Lorsque j'ai entamé le travail sur l'enfant intérieur, je suis tombée sur une photo de cette période et j'ai découvert que j'étais loin de cette image désastreuse que j'avais de moi. J'ai compris que ce manque de confiance en moi n'était pas lié à ma personne, mais à cet environnement familial non sécurisant et sans affection.

Avec du recul, je réalise que je m'en suis plutôt bien sortie au vu du contexte dans lequel je me trouvais. C'est à cette période que j'ai commencé à écrire, d'abord un journal intime, puis des histoires fantastiques, et que j'ai entamé ce processus de développement de mon intériorité.

Je remercie la Séverine pré-ado, car c'est grâce à son courage, à sa résilience et à sa capacité à aller chercher sa richesse intérieure, que je suis celle que je suis aujourd'hui. Je me suis réconciliée avec cette période souffrante de ma vie, je me suis pardonné de m'être mal jugée et j'ai compris que je n'étais pas responsable des manquements de ma famille.

Le développement de la créativité

Chacun de nous a un potentiel unique et spécifique qu'il s'agit de reconnaître et de développer. Plus nous avançons sur le chemin d'éveil, plus nous réalisons de nous sommes capables de tout faire et que cela ne dépend que de notre volonté.

L'imaginaire

L'imaginaire a toujours été présent dans ma vie : il m'a permis de survivre au bouleversement créé par la mort de mon père puisque je m'y suis réfugiée pour me reconstruire à travers l'écriture.

Lorsque j'ai eu mon éveil de conscience, je n'ai pas basculé dans un autre monde, mais au contraire, j'ai compris qu'il avait toujours été présent dans ma vie. Cet univers imaginaire que je m'étais créé était en fait la réalité des mondes subtils.

Nous sommes partagés entre deux mondes : un monde de matière qui est la 3D, la troisième dimension, un espace d'épreuves et d'expérimentation ; et les mondes subtils qui nous entourent, la 5D, la cinquième dimension. Selon la phrase de Pierre Teilhard de Chardin : *« Nous ne sommes pas des êtres humains vivant une expérience spirituelle, mais des êtres spirituels vivant une expérience terrestre ».* Développer sa créativité, c'est laisser s'exprimer notre enfant intérieur, laisser libre court à la magie de notre enfance, lorsque nous inventions des mondes extraordinaires, nous parlions à nos jouets ou nous rêvions de nos cadeaux de Noël. Nous avons en chacun de nous ce pouvoir de création qui consiste à mettre en forme un objet de sa conception, mettre au jour une idée nouvelle ou mettre en œuvre un projet.

Se faire plaisir

En cette veille de week-end, j'ai posé ma journée. J'ai fait la grasse matinée et j'ai décidé de ne faire que ce qui me plaisait aujourd'hui. Pourquoi la vie se résumerait à se lever tôt, travailler dur et souffrir pour mériter un salaire ?

Je gaspille mon temps, mon énergie, mes capacités à enrichir des organisations qui défendent des valeurs qui ne me correspondent pas : le profit aux dépens de l'humain, la productivité au lieu de la créativité, l'obéissance et la soumission plutôt que l'autonomie et la confiance... Je préfère utiliser mes qualités et ma détermination à faire mon bonheur, à être moi et à réaliser mes rêves.

La reconnexion à son corps

Notre corps exprime nos émotions. Lorsqu'elles reflètent nos inconforts émotionnels, elles peuvent apparaître sous forme de malaises : nous disons bien « être mal dans sa peau, avoir la gorge nouée, la poitrine serrée, un poids sur l'estomac, des nœuds dans le ventre... » Ce sont des signaux que notre corps nous envoie pour nous faire prendre conscience de cet état de trouble de l'âme. Il nous faut alors comprendre que nos actions physiques ne sont pas en adéquation avec nos aspirations profondes, les attentes de notre âme.

Parfois, la guérison physique ne suffit pas et si nous persistons à ne pas écouter ces messages, ils se matérialisent dans le corps sous forme de maladies, de burn-out, d'accidents, etc.

L'expérience de la somatisation

Lorsque j'ai consulté le magnétiseur à cause de mes doigts boursouflés, je venais de subir un choc émotionnel suite à la rupture avec mon compagnon. Après des semaines de réflexion, je venais de décider de ne pas me séparer de lui pour ne pas le faire souffrir. Je me disais qu'il n'était pour rien dans tout ce bouleversement dans ma vie et que je n'étais pas vraiment malheureuse avec lui.

Dès le moment où j'ai pris cette décision, j'ai su que ce n'était pas la décision de mon âme. Ces éruptions sur mes doigts sont apparues quelques jours plus tard : elles étaient la somatisation de la souffrance que j'ai fait endurer à mon âme en prenant cette décision contraire à ses désirs profonds.

Le chemin de libération

Le chemin d'éveil spirituel nous pousse à renoncer à ce qui nous retient dans la matière, à nous dépouiller de ce qui nous empêche de nous élever et à prendre des décisions correspondant aux attentes de notre âme.

Le détachement à des formes matérielles et le retour à une forme de simplicité dans la vie nous apprennent à « savoir perdre pour gagner » (en épanouissement, en richesse intérieure, etc.). Si nous acceptons de lâcher-prise sur la sécurité, de ne plus tenter de contrôler les événements, mais au contraire de suivre sa guidance et ses intuitions, nous faisons « le saut de la foi ».

<u>Le détachement de la matière</u>

L'éveil de conscience donne la force de faire ce pas dans le vide les yeux fermés. Le mental s'accroche, allume tous les signaux d'alarme, nous intime de ne pas sauter, car il pense que nous n'aurons alors plus rien à quoi nous accrocher, comme si nous allions disparaître, nous dissoudre, ne plus exister. Si nous sommes assaillis de questions, de craintes, de doutes, dès que nous avons fait ce pas dans l'inconnu, nous réalisons que nous sommes toujours le même, que nous sommes toujours là, vivant. Simplement, nous avons fait un pas pour « être ». Dès lors, toutes nos craintes s'envolent, car il n'est alors plus question de tergiverser, mais d'avancer.

Le saut de la foi

Lorsqu'on fait des choix en conscience, peu sont ceux qui nous comprennent et nous accompagnent sur ces chemins de traverse, hors des sentiers balisés, presque hors-norme. Faire le choix de s'isoler du groupe réveille chez eux des peurs : ils se transposent eux-mêmes dans ce choix de vie et nous renvoient leurs propres peurs en miroir.

Une des étapes de ma libération fut de quitter mon travail. Des milliers de questions fusaient dans mon esprit : quitter la sécurité de l'emploi, la manne financière, entrer dans l'incertitude face à l'avenir, se couper des autres, sortir d'une routine rassurante… J'ai fait le « saut de la foi » qui consiste à se lancer dans le vide en toute confiance, car je savais que ce choix était juste, puisqu'il était celui de mon âme.

La libération de nos entraves

Notre personnalité, notre égo, notre façon de réagir dans le monde sont conditionnés par ce qui nous précède et qui nous entoure : nous subissons l'influence du modèle familial dans lequel nous naissons, des circonstances de notre enfance, de notre entourage, des conditionnements sociétaux, culturels, religieux, éducatifs et du poids du karma collectif et de l'histoire de l'humanité.

Comment, dans ces conditions, savoir ce qui révèle de nous, de notre vraie nature, de notre essence propre ? Dès que nous avons compris que nous ne sommes pas libres, nous pouvons identifier tout ce qui n'est pas nous et faire des choix conscients.

L'égo

Le parcours d'éveil de conscience nécessite de se défaire de l'illusion de ce que nous pensons être, de notre personnalité, de notre égo. L'égo est la personnification du Moi face au monde extérieur, l'idée que nous avons de nous-mêmes et de la valeur que nous souhaitons que les autres reconnaissent en nous. Il est aussi une protection, un mécanisme de défense qui nous pousse à réagir, à nous défendre, à nous confronter aux autres si nous nous sentons remis en question dans ce que nous croyons être.

Or, lorsque nous nous élevons en vibration et que nous parvenons à maîtriser la peur et la colère, le jugement des autres ne nous atteint plus, car nous avons décidé de ce qui était important pour nous. Dès que nous avons conscience de notre valeur, nous n'avons plus besoin de validation de l'extérieur, de nous nourrir de l'énergie des autres, de leur remettre les clés de notre bonheur.

Pour retrouver la paix intérieure, nous devons sortir du flot continuel des pensées, des émotions, des objets sensoriels (télévision, bruit, bavardages, disputes…) afin d'être à l'écoute de notre âme.

Si le travail sur les blessures et les peurs apaise notre « égo souffrant », ce serait une erreur de confondre « égo » et « mental ».

Le formidable outil du mental

J'entends dire qu'il faut écarter le mental, le faire taire, le museler.

S'il nous assaille de son discours incessant, parfois négatif et invectivant, ce n'est que dans le but de nous protéger. S'il est parfois très présent, au terme du travail réalisé, on parvient à l'apaiser.

Il faut le rassurer, mais surtout, le mettre à contribution : j'ai passé toute ma vie à entraîner mon mental (réflexions, organisation, analyse, écriture...). Je l'ai gaspillé dans des organisations vouées au Dieu-argent. Maintenant, j'utilise mon mental pour organiser ma vie, trouver des idées, mettre en œuvre de nouveaux projets.

Je remercie mon mental d'avoir toujours été là pour moi, d'être mon allié, de me protéger et de me permettre d'avancer.

<u>Le temps</u>

Nous avons la sensation que le temps passe à toute vitesse, qu'il nous file entre les doigts, que rien ne semble arrêter sa course folle. Alors, nous tentons de le maîtriser, de lui imposer des limites, de nous donner des échéances, avant de réaliser que nous sommes impuissants à le contrôler. Dans ces conditions, pourquoi ne pas le laisser filer, lâcher-prise afin qu'il ne reste que l'instant présent à vivre et à savourer ?

Le parcours de flammes jumelles est long et souffrant ; il ressemble à ces séries télé qui n'en finissent jamais. Nous n'en voyons pas le bout, nous aimerions avancer plus vite et avons peur de manquer de temps. Lorsque nous nous croyons arrivés, une nouvelle série de paliers à franchir ou d'épreuves à affronter viennent nous remettre à notre place, jusqu'à ce que nous comprenions qu'en réalité, nous ne maîtrisons rien **(cf. : « Le chemin de libération »)**.

<u>L'équilibre des polarités</u>

Chaque être humain a une polarité dominante à la naissance, mais possède les deux polarités en lui : le Yang, qui est l'énergie masculine, et le Yin, qui est l'énergie féminine, en dehors de toute appartenance de sexe.

Dans le couple de flammes jumelles, chacun porte une énergie différente et complémentaire de l'autre. Chacun va améliorer sa façon d'être en allant chercher dans l'autre polarité ce qui lui fait défaut pour rééquilibrer ses deux polarités.

Il est dit que la polarité Yang « agit », tandis que la polarité Yin « vit ». La polarité Yin se caractérise par une grande sensibilité, une forte capacité d'écoute et de générosité. Elle a une compréhension innée du monde de l'invisible à travers les rêves et les intuitions, mais elle a des difficultés à passer à l'action, à prendre des initiatives. Elle préfère se laisser porter par les événements et vit dans l'instant présent. En tant que flamme jumelle, elle doit travailler son ancrage, son engagement, la réalisation d'actions concrètes dans la matière.

À l'inverse, la polarité Yang a en elle la force de la concrétisation, de l'action, du réalisme. Elle a la capacité à mobiliser des ressources dans la difficulté, des énergies pour le combat. La polarité Yang est dite « contrôlante » ; sa difficulté consiste à accueillir ses intuitions et à lâcher-prise. Elle doit apprendre à se connecter aux énergies et aux mondes subtils afin de s'élever.

Le chemin de libération

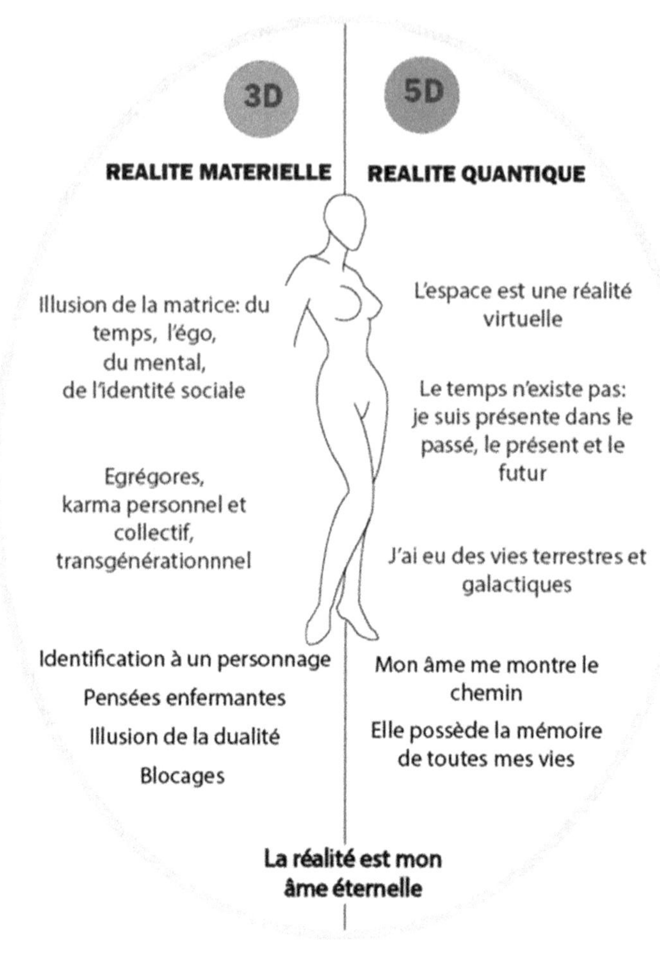

Un rééquilibrage nécessaire

Ce parcours m'a appris à atténuer mon énergie Yang de contrôle, de combat et à sortir du mode « action-réaction » en lâchant prise sur le temps, sur la matière, sur le résultat, en acceptant de ne pas tout maîtriser.

J'ai appris à accueillir la douceur, à accepter mes faiblesses et à m'ouvrir aux autres et aux mondes subtils.

Ce rééquilibrage me permet d'utiliser ces deux énergies en fonction des situations : organisation de ma vie professionnelle / énergie Yang ; partage, ouverture aux autres / énergie Yin.

La polarité Yang aura tendance à vouloir apporter des solutions à son jumeau, à lui donner de « bons conseils », à vouloir le sauver de lui-même… C'est oublier que les recettes qui marchent pour l'un ne seront pas des recettes miracles pour l'autre. Chacun fonctionne, réfléchit et agit différemment de son autre et doit trouver son équilibre seul, en fonction de ses capacités.

Les personnes sur notre route

Chaque âme choisit avec son guide, le lieu, la date de sa naissance, les parents et les épreuves à affronter dans son incarnation. À la naissance, nous perdons la mémoire de ce plan savamment concocté et de nos incarnations passées à travers le voile de l'oubli, afin de faire l'expérience de la dualité, de la séparation à l'autre et à La Source.

Nos parents sont la porte d'entrée de ce monde duel.

Le choix de ses parents, le choix de l'amour

Je suis redevable envers mes parents de m'avoir permis de faire l'apprentissage de l'amour inconditionnel à travers l'expérience de l'abandon, de mon père qui était absent et de ma mère qui ne m'a pas apporté de sécurité affective. J'ai eu une famille qui m'a préparé à ce rôle de flamme jumelle en devenant autonome tôt et indépendante par la force des événements. Ce manque d'amour m'a poussé à rechercher le grand amour toute ma vie. C'est un cadeau qu'ils m'ont fait et je les en remercie.

La Source envoie sur notre route des personnes pour nous accompagner et nous donner des clés de progression.

Les personnes qui m'ont sauvée

Par leur présence, leur exemple et leur amour, ma grand-mère a été une mère pour moi et Francis a remplacé mon père qui était absent.

Il y a aussi des personnes qui traversent nos vies, mais dont l'acte de générosité ne s'oublie jamais.

J'étais médiocre à l'école et j'avais de grosses lacunes en orthographe ; ma mère me mettait devant les dessins animés au lieu de m'aider pour les devoirs ou de me faire réciter mes leçons de grammaire. Une année où la poésie faisait partie du programme de Français, Madame Privat, professeur de français au collège Desaix à Tarbes, a su reconnaître dans mes poésies (malgré mon niveau médiocre en français) des qualités d'écriture qui m'ont donné confiance, m'ont sorti de mon marasme et ont créé une étincelle qui ne s'est jamais éteinte.

Je me souviens aussi de ce premier jour de rentrée des classes à l'école primaire de Tarbes, après la mort de mon père et notre départ d'Arrens. Maman devait partir pour rejoindre son travail et je suis restée sous le préau à pleurer alors tous étaient entrés en classe. Mais, deux élèves, Valerie Borgelat et Nathalie Maurette, m'ont prise par la main et m'ont accompagnée en classe.

Ces personnes m'ont sauvée, car elles m'ont permis de ne pas perdre espoir. Je ne les oublierai jamais.

Il y a aussi ceux avec qui j'ai partagé des périodes de ma vie, partenaire dans la parentalité et compagnon de cordée, à qui j'ai fait confiance, dont je savais qu'ils ne m'abandonneraient jamais et qui m'ont appris à prendre confiance en moi et à dépasser mes limites.

La reconnexion à La Source

L'éveil de conscience est la découverte de l'existence d'un autre monde, parallèle et à la fois présent avec nous, avec lequel nous cohabitons. Dès que sont tirés les voiles de l'illusion (le fait de se croire « mortel » et séparé de l'autre) et que nous travaillons sur nos blessures, nous pouvons augmenter notre taux vibratoire et ainsi nous rapprocher de cet univers immatériel. L'éveil à cette autre réalité ouvre les portes d'un Au-delà, l'espoir d'une vie après la mort : nous comprenons que l'existence sur Terre n'est qu'un passage, faite d'expériences parfois douloureuses, mais qui prendra fin tôt ou tard. Dès lors, notre regard sur ce qui nous entoure change, les choses nous paraissent plus belles, à préserver, et chaque jour devient une occasion de progresser, de profiter de ce temps qui nous est donné sur Terre pour apprécier la vie.

Alors que l'homme expérimente la dualité, cette prise de conscience nous offre une occasion unique de revenir à Soi, de comprendre que nous sommes des êtres spirituels et que nous ne faisons qu'Un avec le Tout.

La reconnexion à son être divin

Notre âme nous parle. Nous sommes en permanence connectés à elle, mais son discours est parfois inaudible, car notre mental est très présent, l'égo dirige notre vie et notre environnement est perturbé par de basses énergies.

La première étape pour entendre les messages, qu'ils viennent de notre Moi supérieur ou de notre guide, est de couper le discours incessant du mental, de faire silence dans son esprit. Alors les messages nous parviennent clairement : c'est cette petite voix dans notre tête qui parle la première, ce que certains appellent « l'intuition ». Écouter son âme, c'est être présent à soi à chaque instant.

Les messages peuvent prendre différentes formes : des intuitions, des signes, des messages de notre inconscient comme les rêves, mais également des messages plus directs.

Canaliser son âme

Je me réveille pendant la nuit et toutes sortes d'idées me viennent. Je les note sur un cahier et les mets au propre le matin sous forme d'écrits, de schémas, d'illustrations.

Ces réflexions, compréhensions, images sont des messages transmis par mon âme.

Créer sa réalité

Chaque jour, nous créons notre réalité : chacune de nos pensées, de nos émotions et de nos actions crée notre présent. Lorsque nous sortons des conditionnements, de la peur et de l'égo souffrant, nous libérons de l'espace pour accueillir notre vrai Moi.

L'authenticité

L'authenticité consiste à se retrouver Soi, d'abord, en cherchant la vérité de son âme et ensuite, en incarnant ses choix dans la matière.

Dans cette quête de sincérité, nous sommes confrontés à des situations qui dérangent, qui nous poussent dans nos derniers retranchements, qui nous obligent à prendre des décisions correspondant à nos valeurs, celles que nous voulons défendre.

L'humiliation au travail

Je ne parvenais pas à me décider à quitter mon travail. Je me trouvais les meilleures raisons du monde de rester jusqu'à ce que la vie me mette dans une situation qui m'a poussée à faire ce choix.

La Direction de mon entreprise a décidé de me changer de poste et m'a mise devant le fait accompli. J'ai vécu cette décision comme une rétrogradation dans mes fonctions, une humiliation.

Lorsqu'on se regarde dans la glace et qu'on se dit « ce qui m'arrive est injuste, insupportable, je ne peux accepter cette situation », alors un choix s'impose.

J'ai décidé de changer mon regard sur cette situation : j'aurais pu me dire que ce changement était légitime parce que je ne méritais pas ma place, que je ne remplissais pas les conditions qu'ils attendaient de moi, que je n'étais pas à la hauteur. J'aurais pu vivre cet événement comme un échec, me sentir blessée, avoir honte de moi face à mes collègues et j'en aurais voulu à ces gens qui décidaient pour moi sans me consulter...

Mais j'ai fait le choix de vivre cette situation comme une opportunité, celle de changer : j'ai décidé de quitter cette organisation dont les valeurs ne me correspondaient plus, de ne plus faire confiance à des gens qui prennent des décisions pour notre carrière sans en parler avec le principal intéressé.

J'ai décidé de ne plus être l'esclave d'une organisation pour laquelle je gaspille mon potentiel et mes qualités contre de la matière (l'argent). J'ai refusé de me soumettre, de me plier à leur volonté, de remplir leurs conditions.

Je ne négocie pas ma liberté, je la reprends.

Je ne suis pas un pion que l'on déplace, je suis maître de mon destin. Ce ne sont pas eux qui me donnent de la valeur ; ma valeur est celle que je me reconnais.

L'ironie de l'histoire est que ces gens voulaient faire de moi une employée obéissante, qui accepte leurs choix sans rien dire, une marionnette qu'ils agiteraient à leur guise, selon la stratégie de l'entreprise, selon la Direction en place ou selon le sens du vent, ce sont eux les pions de l'Univers : je ne parvenais pas à me décider, alors l'Univers a mis en place les conditions pour me pousser à me positionner, à regagner ma dignité et à reprendre mon pouvoir personnel. L'Univers m'a poussé vers la sortie et je regardais la scène avec amusement : ces gens qui essayaient de me manipuler, c'était eux la marionnette de l'Univers **(cf. : « Quitter la matrice »).**

<u>*Le positionnement*</u>

La vie nous offre des occasions d'affirmer nos choix vis-à-vis de l'extérieur, de dire sa vérité, de se montrer au monde tel que nous sommes.

Se respecter, c'est oser suivre sa route sans se laisser influencer, sans essayer de plaire aux autres ou de correspondre à leurs attentes.

Affirmer sa différence, c'est ne plus accepter ce qui ne nous convient pas.

Quitter la matrice

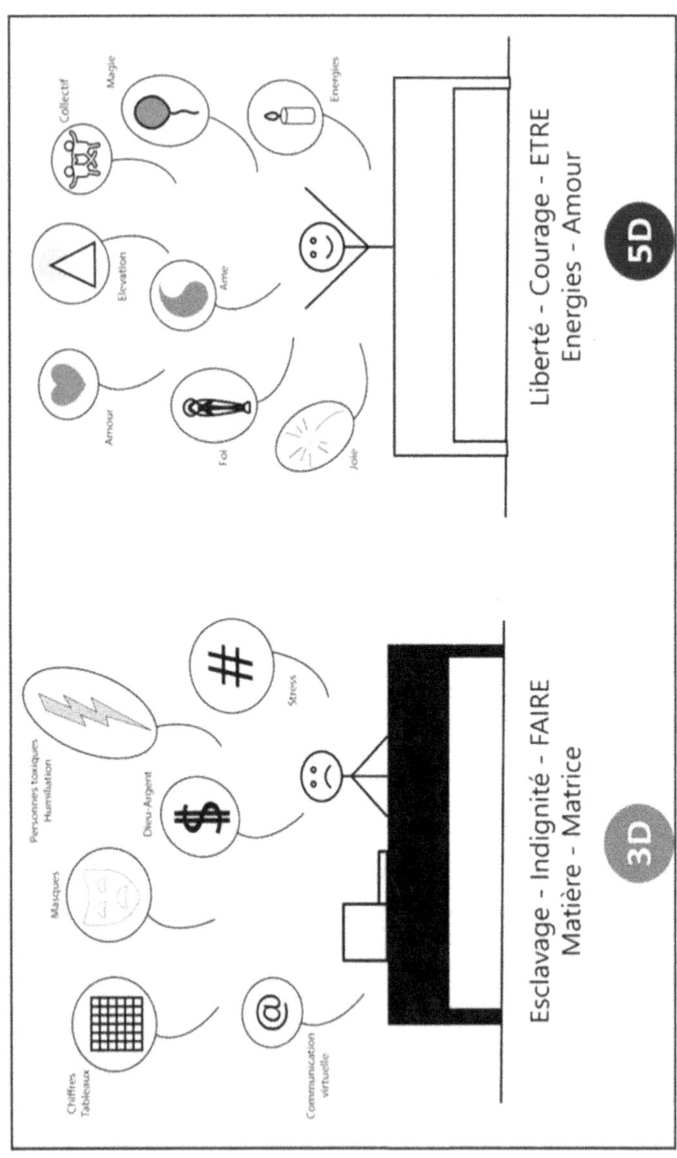

Le Covid

L'épisode du covid, des confinements et de la vaccination fut une occasion historique pour tout un chacun de faire un choix en conscience, un choix d'âme.

Lorsque les campagnes de vaccination ont commencé, le plus difficile ne fut pas de résister aux injonctions du gouvernement ou à la limitation des libertés, mais de vivre la séparation avec tous les autres.

Je devais assister à une fête de famille et il m'a été demandé de me faire tester pour m'y rendre. J'avais perdu ma mère, la fille aînée de la famille, quelques mois auparavant, et je me privais de sorties puisque je n'étais pas vaccinée. Alors, il n'était pas question que je me fasse tester sous une pression extérieure quelconque et que je prenne le risque d'être en présence de personnes vaccinées mais qui ne respectent pas les gestes barrières pour protéger les non-vaccinés.

Cet ostracisme mis au cœur des familles, cette mise à l'écart d'une partie de la population a confirmé ma volonté de ne pas me laisser dicter mes choix et d'affirmer mes convictions.

La Source teste notre alignement, elle nous met face à notre peur du rejet, du jugement de l'autre, de l'isolement. Que n'avais-je à perdre que je n'avais déjà perdu ?

L'alignement

Lorsque nous sommes alignés, nos pensées se réalisent et des chemins s'ouvrent devant nous. Nous décidons de l'endroit où nous voulons concentrer notre énergie, notre attention et nos pensées, nous effectuons les actions nécessaires pour les diriger vers ce but, et si nous avons confiance dans le fait que les résultats sont en train de se créer pour nous, l'Univers réagira avec abondance dans tout ce en quoi nous croyons.

La preuve par 3

La semaine qui a suivi l'envoi de ma lettre de démission, j'ai reçu la preuve par 3 de la manifestation de la Loi d'Abondance : mon dossier à une commission donnant droit au chômage a été accepté alors que je pensais avoir de maigres chances qu'il le soit, je reçois le chèque de la vente de la maison de maman et le chèque de la clôture de la succession d'Arrens qui traînait depuis des décennies. Des dossiers inextricables, sans espoir de résolution rapide, ou enterrés depuis des années se sont débloqués en l'espace d'une semaine. Le signal était clair : je ne devais pas m'inquiéter pour ma situation financière immédiate et suivre ma voie sans me préoccuper des conditions matérielles de ma subsistance pour quelque temps.

<u>Les allers-retours</u>

La Source nous teste régulièrement. Elle nous présente des situations qui réactivent nos blessures afin de vérifier que nous sommes parfaitement alignés. Il s'ensuit des phases d'allers-retours entre la 3D et la 5D, de lutte entre l'égo qui veut reprendre le dessus et l'âme qui s'affirme, des hauts et des bas et des montagnes russes émotionnelles très éprouvantes. Chaque jumeau doit alors mobiliser des ressources pour dépasser ces épreuves, rester aligné et dans l'amour.

Son père

Je n'ai que peu d'informations sur les ressources que peut mobiliser mon jumeau dit « non-conscient du lien » lorsque ses peurs et ses blessures remontent à la surface. Tout ce que je sais, c'est qu'une nuit son père est venu me voir en rêve. Alors j'ai supposé qu'il était présent à ses côtés, comme une présence protectrice, tel que l'est le mien dans ma vie.

J'imagine qu'il devait être un parent dur et dévalorisant dans l'enfance de mon jumeau, qu'il a sa part dans les blessures affectives qu'il a provoquées chez son fils et qu'ainsi, il a tenu son rôle.

<u>L'éveil est un chemin d'évolution</u>

L'éveil est un chemin progressif, chaque jour est une pierre à poser à l'édifice et chaque stade d'évolution doit venir en temps voulu. Bien que nous soyons impatients et que nous nous sentions « prêts » (pour la réunion notamment), il revient à notre âme de dicter la progression dans le parcours et le moment de franchissement de paliers de compréhension. Les enseignements ne nous arrivent que lorsque nous sommes prêts à les recevoir et à les conscientiser. Sinon, cela signifie qu'il nous reste encore des situations et des épreuves à vivre pour les comprendre. Un enseignement n'est compris que lorsqu'il est « vibré », ressenti dans son cœur et dans son âme.

La période que nous vivons d'ascension planétaire participe de ce mouvement d'évolution : nous subissons à chaque lunaison des poussées énergétiques qui réactivent les programmes négatifs afin de pouvoir les épurer et passer à l'étape suivante. Ils se traduisent par des inconforts émotionnels ou des expérimentations difficiles dans tous les domaines de la vie. Notre corps doit supporter ces montées vibratoires qui sont remuantes, fatigantes et nécessitent d'être parfaitement ancré, équilibré, en bonne santé et dans un environnement serein.

La foi dans le divin

Le parcours de flammes jumelles est une épreuve de foi, la foi en une force supérieure qui nous guide et avec qui nous sommes reliés : Dieu, La Source, l'Univers, un Tout auquel nous appartenons.

Notre âme a fait le choix de s'incarner dans deux corps différents à travers l'expérience des flammes jumelles afin d'expérimenter la dualité et de se reconnecter à notre part divine.

La dimension sacrée de la relation de flammes jumelles et notre lien avec le divin va au-delà de tout aspect confessionnel, qui est souvent un choix hérité de notre culture ou de notre famille. Lorsque nous commençons à avoir des contacts avec des entités par des synchronicités, des messages ou des signes, elles se présentent sous un nom ou une apparence qui correspondent à notre culture, à notre religion ou à nos traditions afin de nous paraître accessibles. Mais cette personnification est factice, car elles sont avant tout des énergies.

<u>Nous ne sommes jamais seuls</u>

La foi est la prise de conscience qu'une autre réalité existe. Lorsque nous tirons le voile sur la réalité de ces mondes subtils, nous pouvons les accueillir dans notre vie, dans notre quotidien et comprendre que nous sommes tout le temps accompagnés.

La présence de Dieu

1er jour dans mon nouvel appartement suite à la séparation avec mon compagnon, je me retrouve seule dans une pièce vide. Personne ne m'a accompagné dans ce changement de vie, ni félicité ni même critiqué. Je suis assise dans ma chauffeuse et je regarde en face de moi la peinture que mon fils Théo avait réalisée en primaire et je comprends tout : ce tableau reproduit la scène que je suis en train de vivre, la réalité de ces mondes subtils autour de moi. Il représente cette chauffeuse vide et moi qui venons de basculer de l'autre côté du voile, avec des êtres autour de moi représentés par des étoiles violettes (Marie, Jésus, mon guide, mon ange gardien, mes chers défunts... ?) et le Grand T de Théo-Dieu au-dessus de la scène pour orchestrer le Tout.

Ce jour était à marquer d'une pierre blanche : je clôturais une période difficile et j'entrais dans un Nouveau Monde.

C'est dans l'abandon que nous faisons l'expérience de la confiance. C'est en nous mettant volontairement dans une situation d'inconfort, de dépouillement, de lâcher-prise que notre vue n'est plus obstruée, que nous pouvons voir au-delà des apparences et déchirer les voiles de l'illusion.

Se savoir accompagné n'enlève pas les doutes, les tentations au renoncement, l'ingratitude parfois lorsque nous n'obtenons pas ce que nous demandons et que nous accusons le Ciel de nous avoir abandonnés. Mais, même quand tout semble perdu, désespéré, impossible, il nous reste toujours la foi : en la vie, en la Source, et surtout en Soi. Lorsque nous atteignons cette confiance, la peur disparaît.

Mon lien avec la Vierge Marie

Nous ne sommes pas seuls et sommes reliés en permanence avec les plans supérieurs.

Ma grand-mère, mon guide sur le chemin de la foi

Je suis née à Lourdes, lieu d'apparition de la Vierge Marie. Lorsque nous habitions à Arrens, j'accompagnais parfois ma grand-mère à la messe. Mamie d'Arrens était une sainte, un modèle pour moi. Elle a aussi été une mère, car elle m'a donné beaucoup d'amour. Je crois qu'elle œuvre à présent aux côtés de Marie et qu'elle est montée si haut que je manque encore d'intensité vibratoire pour pouvoir la contacter.

Marie

Je me rends régulièrement, autant que possible, à la grotte de Lourdes pour prier Marie. Je sais qu'elle m'accompagne ; elle me l'a déjà prouvé à plusieurs reprises en se manifestant à moi : une goutte d'eau bénite qui tombe sur mon front au moment où je touche la paroi de la grotte, sous sa statue ; un cœur qui se forme sur ma main entre l'index et le pouce, et qui bat pendant plusieurs minutes ; sa silhouette dans la montagne à l'approche de la grotte ; une double flamme dans un cierge allumé à la grotte ; mon annulaire gauche qui tressaute pendant un long moment en réponse à une question sur l'avenir avec mon jumeau ; une pierre en forme de cœur trouvée sur un chemin de montagne après lui avoir demandé un signe et être tombée sur sa silhouette dans une alcôve creusée dans la roche au fond d'une petite grotte...

La prière est un moyen de communication avec les plans supérieurs : elle permet d'exprimer des souhaits, des demandes, mais aussi de remercier, d'être en gratitude pour ceux qui nous accompagnent et de rester en lien avec ceux qui nous ont quittés.

Elle est aussi un puissant moyen d'action dans nos vies.

La force de la prière

J'étais vraiment mal ce matin-là, avec toutes ces idées noires qui trottaient dans ma tête. J'ai demandé en prière à Marie de me libérer de toute cette peine et de me donner la force de continuer mon parcours. Je me suis recouchée quelques instants et j'ai eu la vision d'un lit caillouteux de rivière, puis d'une vague qui repoussait les cailloux qui faisaient barrage pour que l'eau circule mieux. Les idées noires se sont dissipées en un claquement de doigts.

La Voie Christique

Suivre la Voie Christique, c'est reconnaître les enseignements du Christ, tâcher de les respecter au quotidien et répandre la bonne parole autour de soi, le message d'amour de Jésus.

L'appel du Seigneur à le suivre dans la Voie Christique demande à accomplir ce travail intérieur de dépouillement qui rejoint celui qui doit être effectué dans le parcours de flammes jumelles. Il s'apparente au chemin de croix de Jésus lorsqu'il a souffert sa Passion : c'est un chemin de libération « de ses chaînes, de ses attaches, du regard des autres sur moi, de la carapace que je me suis forgée » (extrait du catéchisme). Le suivre dans cette voie signifie se libérer de ses entraves et comprendre que l'Amour est le sens de notre existence sur Terre. Lorsque nous nous dépouillons de ce qui n'est pas essentiel, il ne reste que l'Amour.

Luc 9 :23 : *« Si quelqu'un veut être mon disciple, qu'il renonce à lui-même, qu'il se charge de sa croix et qu'il me suive. »*

Lettre de Saint Paul aux Philippiens 3:8-14 : « *Frères, tous les avantages que j'avais autrefois, je les considère maintenant comme une perte à cause de ce bien qui dépasse tout : la connaissance du Christ Jésus, mon Seigneur. À cause de lui, j'ai tout perdu ; je considère tout comme des ordures, afin de gagner un seul avantage, le Christ, et, en lui, d'être reconnu juste non pas de la justice venant de la loi de Moïse, mais de celle qui vient de la foi au Christ : la justice venant de Dieu, qui est fondée sur la foi. Il s'agit pour moi de connaître le Christ, d'éprouver la puissance de sa résurrection et de communier aux souffrances de sa Passion, en devenant semblable à lui dans sa mort, avec l'espoir de parvenir à la résurrection d'entre les morts. Certes, je n'ai pas encore obtenu cela, je n'ai pas encore atteint la perfection, mais je poursuis ma course pour tâcher de saisir, puisque j'ai moi-même été saisi par le Christ Jésus.* »

Le cœur sacré de mon jumeau

J'ai vu les vertus de Jésus dans mon jumeau : la douceur, la sensibilité, le calme, la bienveillance, la gentillesse. Elles sont comme un joyau caché au fond de lui. J'ai vu en lui la beauté de son âme, un potentiel d'amour infini et j'ai été attirée par sa lumière.

Si, par moments, j'ai pu être dans une sourde colère contre mon jumeau, dès que je m'approchais de lui et que je ressentais ses énergies, toutes mes tensions intérieures, mon animosité s'envolaient et je me sentais apaisée, réconfortée par sa présence.

<u>Le guide</u>

Notre guide est notre intermédiaire avec La Source. Il nous montre le chemin de notre nature profonde. Il est comme un ami imaginaire qui sait tout de nous, qui nous comprend sans que nous ayons à parler, qui est là tout le temps à nos côtés. Son amour pour nous et sa loyauté sont indéfectibles.

Savoir que nous ne sommes pas seuls donne de l'espoir et le courage d'avancer. Notre guide sait où nous devons aller et met en place les synchronicités nécessaires afin que nous ne nous perdions pas en chemin.

Nous prenons parfois les choses trop à cœur et notre guide est là pour nous rappeler que la Terre est d'abord un lieu d'expérimentations et que, malgré les apparences, rien de ce qui peut nous arriver n'est grave. Chaque expérience, si dure, injuste et souffrante qu'elle nous paraisse, est un enseignement.

Les clins d'œil de l'Univers

Petit clin d'œil de l'Univers suite à un problème informatique et le message qui l'accompagne : « l'opération demandée nécessite une élévation ».

<u>L'ouverture à la médiumnité : nos chers défunts</u>

Le contact avec les défunts peut nous sembler surnaturel si nous avons des difficultés à y croire, bouleversant – car la mort renvoie à la douleur, la séparation, le chagrin – voire effrayant. Si nous les avons toujours à l'esprit, prions pour eux et leur gardons une place dans notre cœur, nos chers défunts se présenteront à nous.

Laisser une porte ouverte

La première visite que j'ai reçue fut celle de ma tatie Josie. Depuis plusieurs jours, je me réveillais la nuit et je sentais des parfums de rose. Je ne comprenais pas ce qu'il se passait. Puis son visage, avec ses grands yeux larmoyants, est apparu dans mon esprit. Dès l'instant où j'ai compris que c'était elle, elle n'est plus revenue. Elle était belle ma tatie Josie, elle a beaucoup souffert avant de partir. J'ai mis un cierge à Lourdes pour la remercier de ses visites.

Mes chers défunts font partie de mes prières. Certains me protègent (papa, mémé de Pragnières) et d'autres me rendent visite en rêve, comme mémé de Campuzan. Nous étions à table dans la maison de Campuzan et elle est venue s'asseoir à côté de moi. Elle était jeune, elle portait un pull bleu clair, je lui ai caressé l'épaule. Je l'aimais beaucoup ma mémé, elle était gentille. J'aurais pu croire à une image envoyée par mon subconscient, mais je sais au fond de moi que c'était bien plus qu'un rêve, car j'étais en interaction avec elle.

Le contact se déroule dans de courtes scènes, dans des lieux où ils ont vécu, comme s'ils ne les avaient jamais quittés. Parfois je sens leur présence, lorsque j'ai la sensation qu'une main se pose sur ma tête ou qu'un frôlement passe dans mon cou... alors je pense que la personne qui me vient à l'esprit s'est sûrement manifestée à moi.

Les bénéfices du lien de flammes jumelles

Le Grand Amour

L'amour est le grand sujet de l'existence humaine. Il est présent dans nos vies, qu'il soit amour filial pour ses enfants, amour fraternel pour ses amis, amour romantique ou sexuel pour notre partenaire ou amour universel pour son prochain ou pour toute forme de vie... Il est le sens de notre incarnation.

L'amour inconditionnel

Cet amour, révélé par le lien de flammes jumelles, qui ne peut être que simplement humain ou terrestre, est un amour divin, car il est au-delà de tout entendement. Il transcende les apparences, les différences, les conditionnements. Il nous pousse à changer, il nous porte, il décuple nos forces et nos sentiments.

Le lien de flammes jumelles nous permet de toucher du doigt l'amour inconditionnel. Il se vit en dehors du temps, dans l'instant présent, hors de la possession et de la réalisation. C'est aimer sans rien attendre en retour et accepter de perdre l'autre s'il estime que son bonheur est ailleurs.

Lorsque le jumeau fuit, il ne nous reste plus qu'à ressentir cet amour à l'intérieur de nous pour le faire vivre et perdurer, plutôt que de le rechercher à l'extérieur où trop de choses nous séparent.

La prédestination à ce lien

Être flamme jumelle était inscrit dans ma destinée. Sans le savoir, je me suis préparée toute ma vie à vivre cette relation, car j'ai toujours voulu connaître le Grand Amour.

L'amour m'a été retiré très jeune afin d'expérimenter le manque d'amour. Dès cet instant, je n'ai jamais cessé de le chercher, comme un vide que je devais combler.

Je me souviens que je lisais des livres à l'eau de rose dans le grenier de ma grand-mère : il était toujours question d'une jeune femme qui tombait follement amoureuse d'un homme inaccessible, qui la traitait avec indifférence, de manière hautaine... Il s'éloigne, elle accepte la situation et elle poursuit sa vie en le gardant dans son cœur... et un jour, il revient vers elle. Il est transformé, il lui déclare sa flamme et met son cœur à ses pieds. Des scénarios simplistes, des jeunes filles naïves et des hommes à la force virile... de quoi éveiller mon imaginaire romantique.

Adolescente, je m'inventais des histoires d'amour impossibles et je suis tombée amoureuse des quantités de fois dans mon existence. J'ai d'abord cru que je recherchais mon père à travers ces figures fantasmées ou que j'avais besoin de ressentir cet état de bien-être lorsqu'on est amoureux, de légèreté, de lâcher-prise, avec toutes ces sensations agréables qui nous envahissent : avoir des papillons dans le ventre, le cœur qui bat la chamade, la tête dans les nuages... Je subissais également le revers de la médaille, la tristesse, la déception, le désespoir, mais je les acceptais comme faisant « partie du jeu ».

J'avais perdu espoir de le trouver et je m'étais engagée dans une relation rassurante qui m'emmènerait jusqu'à la fin de ma vie. Mais le destin m'a rattrapé, car il était de connaître l'Amour avec un grand A.

Chaque jumeau a mis en place un système de protection pour lutter contre le désamour, issu de la blessure d'abandon de la polarité Yang et de la blessure de rejet de la polarité Yin, qui a produit une « façon d'aimer » dysfonctionnelle et des attentes différentes envers l'amour. Ce que souhaite avant tout la polarité Yang, c'est aimer. Elle devra apprendre à « recevoir de l'amour », à se sentir digne d'en recevoir. À l'inverse, le Yin a trop voulu être aimé des autres, jusqu'à ne pas s'aimer lui-même. Il devra s'accepter et s'aimer pour qui il est afin de pouvoir apprendre à « donner de l'amour » **(cf. : « Le défi de l'amour pour chaque jumeau »).**

À la reconnexion, la polarité Yang ressent cet amour puissant qu'elle a recherché toute sa vie et s'investit dans le lien, car les épreuves de la vie lui ont appris à Tout donner, de peur d'être abandonnée. Cet amour puissant fait au contraire fuir le jumeau : il a peur de ne pas être à la hauteur, peur d'ouvrir son cœur, peur d'être rejeté et de souffrir s'il se montre tel qu'il est.

<u>Le protecteur du duo</u>

Notre jumeau est non seulement notre guide terrestre dans le rôle qu'il tient dans le duo, mais il est également un protecteur du duo, présent dans notre vie, poussé à le faire lorsque la nécessité s'impose, sous l'égide du divin.

Une présence indéfectible

Dans la phase de remise en question de mon couple, après de longs mois de réflexion, à peser le pour et le contre, j'ai finalement décidé de rester avec mon partenaire. Dès l'instant où j'ai pris cette décision m'est apparue l'évidence que ce n'était pas la bonne décision.

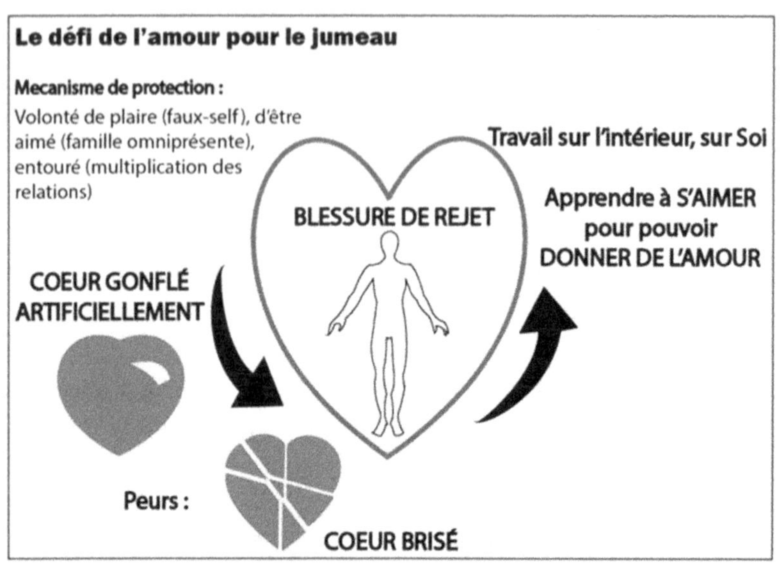
Le défi de l'amour pour le jumeau
Mecanisme de protection :
Volonté de plaire (faux-self), d'être aimé (famille omniprésente), entouré (multiplication des relations)
Travail sur l'intérieur, sur Soi
BLESSURE DE REJET
Apprendre à S'AIMER pour pouvoir DONNER DE L'AMOUR
COEUR GONFLÉ ARTIFICIELLEMENT
Peurs :
COEUR BRISÉ

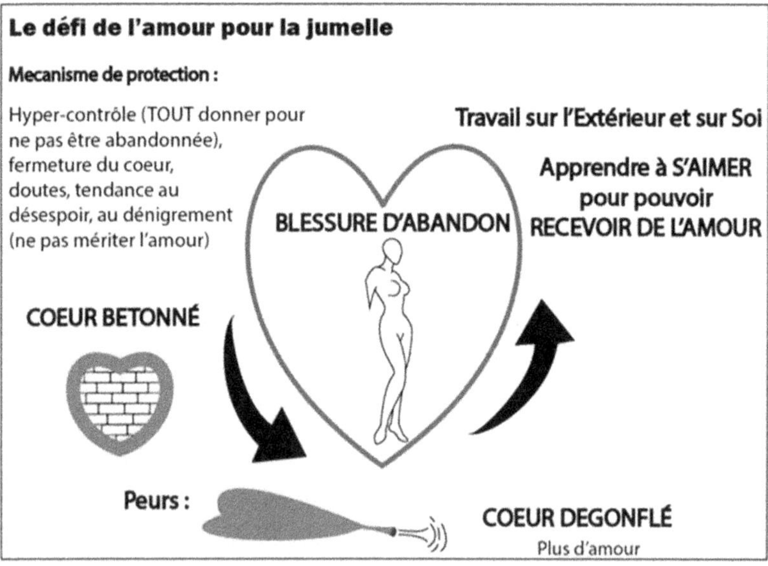
Le défi de l'amour pour la jumelle
Mecanisme de protection :
Hyper-contrôle (TOUT donner pour ne pas être abandonnée), fermeture du coeur, doutes, tendance au désespoir, au dénigrement (ne pas mériter l'amour)
Travail sur l'Extérieur et sur Soi
Apprendre à S'AIMER pour pouvoir RECEVOIR DE L'AMOUR
BLESSURE D'ABANDON
COEUR BETONNÉ
Peurs :
COEUR DEGONFLÉ
Plus d'amour

Mon jumeau était là pour me soutenir, sans qu'il en ait conscience : alors que nous n'avions aucun contact depuis des mois, dans cette phase de transition émotionnellement difficile pour moi, il m'a appelé à trois reprises en l'espace d'un mois.

Puis il est reparti dans son rôle, dans son silence et son éloignement, mais je garde en mémoire ce cadeau qu'il m'a fait, comme une preuve de son soutien indéfectible lorsque le lien est en péril.

La dimension énergétique du lien

Le couple alchimique

L'énergétique est une dominante essentielle de la relation de flammes jumelles. Le couple est un système énergétique où chaque jumeau vient puiser ou injecter des énergies dans le système en fonction de son évolution dans le parcours.

Le taux vibratoire

Le couple sacré est un couple alchimique d'une intensité vibratoire unique. Le jumeau conscient du lien, qui enclenche le processus de guérison, va entraîner son jumeau dans son ascension vibratoire.

La polarité Yang, dans sa recherche de connexion aux mondes subtils, va utiliser toutes sortes de pratiques afin d'augmenter son taux vibratoire : la méditation, la prière, les pensées positives, une bonne hygiène de vie, le contact avec la nature, le développement de ses capacités médiumniques... Bien que les guérisons ne soient pas encore toutes réalisées et stabilisées, la montée vibratoire chez l'un fait monter l'autre en vibration.

Un soin énergétique de guérison d'âme

Le soin énergétique pratiqué par Anne-Elisabeth, guérisseuse d'âme, en début de parcours, a eu des effets sur moi, mais également sur mon jumeau : suite à ce soin, nos taux vibratoires, mesurés grâce à la radiesthésie, se sont rejoints en une même fréquence et n'ont cessé de se suivre et de se juxtaposer au fur et à mesure des libérations.

<u>Les phénomènes d'attraction-répulsion</u>

Les jumeaux connaissent des phases d'attraction ou de répulsion qui se manifestent à certains moments du parcours.

À la reconnexion, un phénomène d'attraction magnétique irrésistible se met en place entre les jumeaux qui crée de puissants ressentis d'amour et de désirs. Mais rapidement, les peurs sont réactivées chez le jumeau non-conscient suite à la remontée des mémoires karmiques communes du couple. Hypersensible, il reçoit ces énergies puissantes, mais déséquilibrées et n'a qu'une envie, celle de fuir, tandis que le jumeau « conscient » va s'investir corps et âme dans le lien.

La fuite de la polarité Yin va éveiller les mémoires karmiques personnelles de la polarité Yang qui prend conscience de tous ses dysfonctionnements et entame sa nuit noire de l'âme. Lorsqu'elle aura apaisé ses souffrances et atteint la complétude, c'est-à-dire qu'elle n'est plus en dépendance affective à son autre, le Yin entre à son tour dans sa nuit noire de l'âme.

Dès lors, le phénomène s'inverse : la polarité Yang active les mémoires karmiques communes pour les libérer tandis que le Yin comprend qu'il doit se rééquilibrer, guérir ses blessures et libérer ses mémoires karmiques personnelles. Au terme de sa nuit noire de l'âme, la polarité Yin s'éveillera et pourra revenir au lien.

La blessure de trahison du couple

Le réveil des mémoires karmiques communes fut une expérience bouleversante : j'ai revécu la scène de la mort de l'Indienne qui accouche du bébé mort-né et celle de la mort de l'esclave de la mine de sel, jetée vivante dans une fosse commune. Dans chacune de ces situations, le jumeau était impliqué directement ou indirectement.

Cette remontée de mémoires souffrantes a réactivé la blessure de trahison du couple, lorsque mon jumeau a préféré prioriser sa famille, son pouvoir, sa réputation plutôt que de me protéger, lorsqu'il a fait certains choix par facilité, orgueil ou lâcheté.

Alors que jusqu'à présent j'étais en amour pour mon autre, ces ressentis ont produit un phénomène de répulsion envers lui et un manque de confiance dans sa capacité à aimer, à surmonter les défis du lien et à trouver le chemin de son âme. Ce phénomène de répulsion a sûrement participé à la réactivation de la blessure originelle de rejet du jumeau pour le faire entrer dans sa nuit noire de l'âme.

Les effets de la connexion énergétique

Le lien de flammes jumelles est d'abord un dialogue d'âme à âme : s'il peut s'appréhender par les cinq sens par le biais de manifestations physiques, il se vit également à travers les énergies qui permettent aux deux doubles d'âme de se connecter.

Cette connexion énergétique nous rassure sur le lien puisqu'elle nous permet d'être en contact avec notre jumeau, mais elle peut aussi être vécue comme inconfortable, déstabilisante, voire intrusive.

Les sensations et manifestations corporelles

Nous pouvons ressentir les états d'âme de notre jumeau. Une sensation désagréable, qui nous semble extérieure, peut se manifester de manière fulgurante alors que nous sentions bien l'instant d'avant. Lorsque la polarité Yang est équilibrée, elle comprend que cet état d'âme ne lui appartient pas, est extérieur à elle et vient probablement de son jumeau. Ces sensations peuvent se manifester sous forme d'un profond mal-être avec un sentiment de désespoir (sensations de vide intérieur), de tristesse (le cœur lourd, une montée de larmes), de peur (la boule au ventre), d'angoisse (anxiété, inquiétudes).

Des sensations corporelles peuvent également apparaître en sa présence : nous pouvons ressentir les battements de son cœur qui s'emballe à notre contact, des sensations de chaleur dues à son rayonnement, des vibrations dans des endroits particuliers de notre corps, ou très perturbant, nous pouvons ressentir lorsqu'il a des relations sexuelles avec d'autres partenaires.

Des sensations perturbantes

Alors qu'à un stade du parcours, il n'est pas envisageable pour moi d'avoir une liaison avec une autre personne que mon jumeau, il a une vie sociale qui lui crée des occasions de rencontre. Je me souviens de ce soir où j'ai eu de forts signaux d'alerte que mon jumeau était en quête d'une relation amoureuse ou sexuelle. À cet instant, j'ai ressenti un fort désespoir m'envahir et la sensation d'être prise au piège, comme si j'étais forcée d'assister à une scène que je rejetais de toutes mes forces. Cette fille devait correspondre à son type de femme, il était attiré par elle et cherchait le moyen de l'approcher. Plus tard dans la soirée, il a sans doute essayé de lui parler, mais il n'a rien ressenti à son contact et a passé son chemin : leurs fréquences vibratoires ne devaient pas correspondre et le jumeau était arrivé à un stade du parcours où un phénomène de répulsion s'enclenche pour toute autre personne qui n'est pas son double d'âme.

Ce lien ne connaît aucune limite dans le temps, car nos âmes sont éternelles, ou dans l'espace, car il transcende la matière. Une forme d'intemporalité peut se manifester au contact de notre jumeau : la sensation d'être dans une bulle, hors du temps, parfaitement imperméable aux événements extérieurs, comme si nous étions revenus, l'espace d'un instant, dans l'œuf cosmique d'origine.

Notre âme s'exprime également à travers notre corps ; elle peut y laisser des marques afin de passer des messages.

La marque du couple

Une marque est apparue sur mon avant-bras pendant plusieurs semaines en fin de parcours : elle représente deux personnages séparés et s'est transformée au fil de l'évolution du couple en se fondant en un seul personnage, un qui se connecte à La Source et l'autre qui cherche à s'ancrer à la terre.

<u>*La communication en 5D*</u>

Lorsque la communication en 3D est inexistante, que le jumeau fuit et disparaît de notre vie, nous faisons l'expérimentation du manque, du vide et du silence. Il nous revient alors de chercher d'autres moyens de se connecter à lui. Nous sommes alors poussés à développer notre connexion en 5D : elle peut se faire par des rêves puissants, dans lesquels nous sommes en interaction avec notre autre, ou par la télépathie avec la réception de messages inconscients de notre autre, la sensation d'échanger avec lui.

Si le jumeau n'est pas présent, nous ressentons ce vide avant de réaliser que nous le cherchons à l'extérieur alors qu'il est avec nous tout le temps puisque nous sommes la même âme, et que seule la matière nous sépare.

Le jumeau est en moi

Au terme de longs mois de travail sur moi et de guérisons, je pense être parvenue à projeter ma conscience dans mon autre, sans réelle intention de le faire. C'est une expérience très étrange puisque je suis à l'intérieur de lui et je vois l'extérieur à travers un trou à la place de ses yeux.

Au terme du travail accompli, nous sommes toujours dans l'incertitude quant au devenir de la relation, auquel s'ajoutent les interrogations légitimes sur le sens de ce bouleversement dans notre vie. En effet, si nous sommes poussés à avancer sur ce chemin par une force qui nous dépasse, nous n'en comprenons toujours pas la finalité. Le lien de flammes jumelles a-t-il un intérêt autre que celui de se reconnecter à son âme ? Sommes-nous seulement l'instrument de notre âme pour nous guider vers son accomplissement spirituel, une « carotte » qu'elle agiterait pour nous pousser à nous ouvrir en conscience ?

4
La finalité de la relation

La mission des flammes jumelles

Depuis 2012, la vibration de la Terre, mesurée par la résonance de Schumann, ne cesse d'augmenter. Cette ascension vibratoire planétaire permet à l'Humanité d'évoluer vers plus de spiritualité.

La date du 21 décembre 2012, qui correspondait à la fin d'un cycle dans le calendrier maya, a été interprétée comme étant « la fin du monde ». En réalité, elle annonçait la fin de l'ère du Poisson, ère de l'Avoir, de l'égoïsme et du matérialisme, et le début de l'ère du Verseau, ère de l'être, du partage et de l'amour.

Les flammes jumelles, comme d'autres êtres incarnés à ce moment si particulier de l'Histoire humaine (starseed, enfants indigo…), prennent part à cette ascension vibratoire planétaire pour nous préparer à passer sur un autre plan de conscience, la 5D.

La Nouvelle Terre

La « Nouvelle Terre » est une nouvelle façon de concevoir la vie sur Terre : un monde de paix, d'amour et de fraternité, de respect pour la nature et le monde animal, un monde où il n'y aurait plus de différences et où tous les hommes seraient égaux…

Le rôle des flammes jumelles est d'ancrer les nouvelles énergies et ces nouveaux paradigmes sur Terre afin de construire les bases de ce Nouveau Monde.

Intégrer les vibrations de la 5D

Le couple universel participe de l'harmonisation de ces nouvelles énergies d'élévation de la Terre par une intégration des vibrations de la 5D : La Source envoie des énergies dans le système gémellaire qui les intègre de manière alchimique **(cf. : « Le cycle de transformation des énergies »)** : le Yin agit comme un récepteur des énergies cosmiques (position liée à la prédominance des chakras du haut du corps et à sa position dans la symbolique du Tao, du haut vers le bas, de la Source vers la Terre) par son travail d'ancrage, son engagement et la réalisation de son intériorité. De son côté, le Yang va faire office d'émetteur pour transformer ces énergies par son travail de détachement et d'élévation pour les remonter vers la Source (position liée à la prédominance des chakras du bas du corps, à son ancrage à la Terre et à sa position dans le Tao, du bas vers le haut).

Le duo d'âmes va passer des paliers de conscience et reçoit des tests en 3D pour voir s'il peut stabiliser ces nouvelles vibrations. Si le test est réussi, il reçoit des récompenses : une ouverture de conscience, l'accès à plus d'abondance, la réaction de l'autre... S'il échoue, de nouvelles situations lui seront présentées plus tard. L'intégration de ces nouvelles énergies entraînerait une mutation du corps pour le passage en 5D et un éveil à la conscience galactique.

Ces énergies en mutation agissent puissamment sur les états d'âme, d'autant que le Sombre est présent à travers les égrégores négatifs, les peurs collectives, les inquiétudes sur l'avenir de la Terre, la division qui gagne nos sociétés à travers un climat anxiogène... Supporter ces basses énergies environnantes nécessite de rester aligné, centré et d'incarner sa lumière.

Le parcours de flammes jumelles est long et exigeant, car les énergies à intégrer sont puissantes. Comment La Source pourrait-elle transmettre de puissantes énergies à un duo d'âmes qui serait instable émotionnellement et ne les utiliserait pas à bon escient ?

Le cycle de transformation des énergies

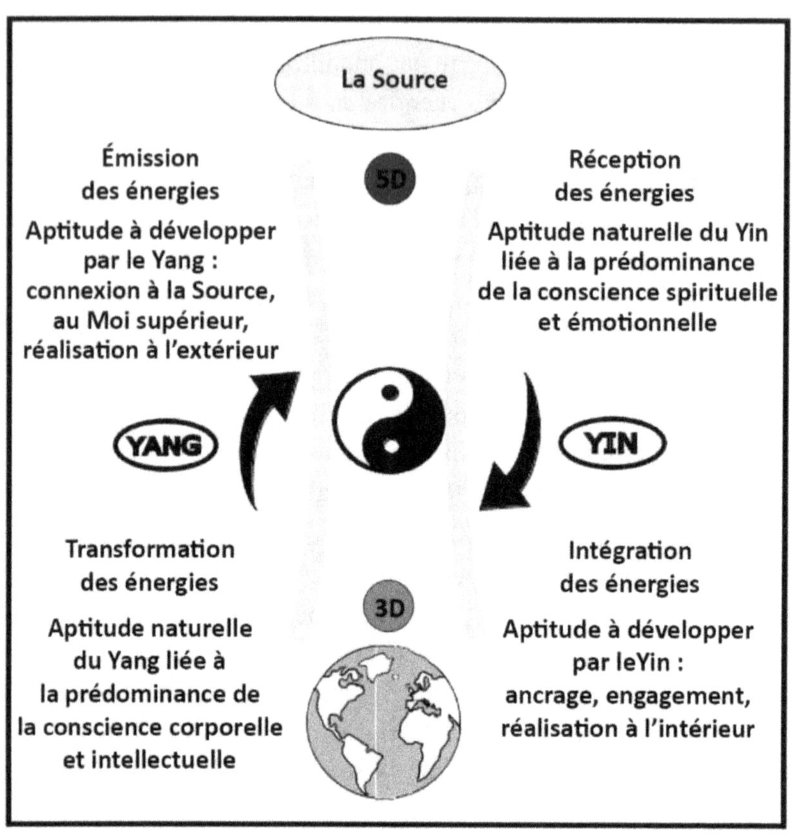

C'est ainsi que la réunion exige de rééquilibrer son corps émotionnel avec la guérison des blessures et des peurs, son corps intellectuel grâce à l'alignement, son corps physique et énergétique grâce à une bonne hygiène de vie et à l'équilibre des chakras, et son corps spirituel par la confiance et la foi en La Source.

Participer à la résolution du karma planétaire

Notre Terre-Mère est un être vivant qui souhaite évoluer et est à l'origine de la montée vibratoire actuelle. Depuis 2012, nous remarquons que de plus en plus de personnes s'éveillent en conscience. Les flammes jumelles ont choisi de s'incarner à ce moment de changement d'ère cosmique afin de prendre part à ce processus évolutif terrestre.

Lorsque la moitié d'âme a résolu une grande partie de son karma personnel et commun avec son double d'âme, et a atteint l'amour inconditionnel, elle peut se mettre au service du collectif et contribuer à la résolution du karma planétaire. L'âme peut se relier à la conscience universelle, à la banque de données mémorielles de l'humanité, aux mémoires akashiques individuelles, collectives et même extra-terrestres, pour les reprogrammer et les libérer à travers un processus de transmutation de celles-ci.

Rayonner le changement

Le couple sacré doit servir de modèle à la nouvelle humanité. Il est l'instrument du divin pour créer un monde de paix et de fraternité. Les jumeaux ont fait preuve d'acceptation, d'indulgence et de patience pour se réunir. Ils sont un exemple pour tous puisqu'ils ont dépassé les différences de couleur de peau, d'âge, de culture, de religion... Par leur exemple, ils transmettent un message d'amour, de bienveillance et de tolérance au monde.

Si les jumeaux atteignent l'unicité en chacun d'eux, ils diffuseront la lumière et pourront transformer le monde autour d'eux par un puissant rayonnement énergétique.

Une mission commune

Le lien de flammes jumelles est un contrat tripartite passé entre les 2 jumeaux et La Source qui ouvre un chemin karmique commun. Ce couple ne se résume pas à une histoire d'amour ; il doit réaliser dans la matière, utiliser cette énergie formidable pour construire des projets. Cela peut se faire à travers la réalisation d'une mission commune.

Le retour à la maison

Mon jumeau est parvenu à me retrouver, malgré la distance géographique qui nous séparait à la naissance, pour nous permettre de nous reconnecter. Il doit pouvoir me retrouver au terme d'un processus de transformation intérieure.

La réalisation du Soi

La polarité Yang tend à atteindre l'entièreté de son être et à retrouver sa toute-puissance divine. Lorsque nous sommes en adéquation avec notre être profond, il nous reste à acter des changements dans la matière, à verbaliser notre expérience de libération, à montrer le chemin aux autres en les soutenant dans leur chemin d'éveil.

Corinthiens 4:20 : *« Le royaume de Dieu ne consiste pas en paroles, mais en puissance »*.

En effet, notre éveil ne doit pas s'arrêter à notre satisfaction personnelle, à la recherche de reconnaissance à l'extérieur ou à une revanche sur la vie ou sur ceux qui nous ont fait souffrir. Certains se fourvoient dans un « égo spirituel », cherchent à attirer la lumière sur eux alors que celle-ci est au contraire à partager.

<u>La contribution au collectif</u>

L'absence du jumeau oblige à se tourner vers soi, à réfléchir à la façon dont nous pourrions investir notre temps, nos pensées, notre énergie vers des réalisations pour le collectif.

Être à sa juste place permet d'offrir au monde le meilleur de soi et de contribuer à sa plus belle expression. Chacun peut apporter sa pierre à l'édifice du bonheur universel, chacun à sa façon, selon ses moyens ; celui qui a le plus doit donner le plus. Argent, maison, statut social, intelligence, force… nous ne possédons rien. Tout ce que nous possédons nous a été prêté pour en faire don aux autres.

Faire le Bien

J'ai toujours voulu faire le bien, me rendre utile, aider les autres. Longtemps j'ai suivi mon égo, mon besoin de reconnaissance et je ne me sentais pas légitime à aider.

Pourtant, donner, ce peut être de bien petites choses : un acte au quotidien (un geste, un sourire, une parole, une visite), de la bienveillance (le non-jugement, la non-violence, la tolérance), un regard indulgent sur les autres (rechercher la beauté en l'autre, ne voir que le meilleur)... Il y a toujours un moment dans la vie pour faire le bien. Il s'agit de chercher en soi les aptitudes, les qualités, les vertus que le Ciel y a placées afin de les développer pour les offrir au monde.

Rechercher le beau

Il y a du beau en chacun de nous, même dans les personnes que nous apprécions le moins. Nous les jugeons, les critiquons, les méprisons parfois, mais que savons-nous vraiment d'elles ? Que connaissons-nous de leur histoire personnelle, de leurs souffrances, des raisons pour lesquelles elles réagissent de cette façon qui nous déplaît ?

Regarder au-delà des apparences, être bienveillant envers son prochain et voir le beau en l'autre est un acte d'amour, un cadeau que l'on se fait d'abord à soi.

Lorsque je te juge, c'est moi que je juge.

Lorsque je te blesse, c'est moi que je blesse.

Lorsque je donne, c'est à moi que je donne. Parce que nous sommes Un.

Croire en nous signifie réaliser tout le chemin parcouru et celui qui reste à accomplir, se confronter à la réalité sans avoir peur de l'échec ou du ridicule et rayonner le changement sur Terre.

<u>La multidimensionnalité</u>

Notre âme est venue expérimenter la dualité sur Terre, le fait de se croire séparé de Dieu et des autres. Elle peut se scinder en plusieurs entités (un double, un couple de flammes jumelles...) et être présente sur plusieurs dimensions à la fois afin de multiplier les expérimentations et évoluer plus vite vers la Lumière.

Lorsque nous retrouvons la mémoire sur la réalité de notre âme et que nous atteignons l'entièreté de notre être, nous pouvons nous reconnecter à nos parts multidimensionnelles, à des niveaux de conscience supérieurs : vies antérieures, vies futures, vies parallèles.

L'illusion de la 3D nous incite à croire qu'il n'y a que cette incarnation, sous une certaine identité, ici et maintenant. Nous devons nous dégager de l'illusion de la matrice (la matière, l'égo, les conditionnements), des mémoires qui ne nous appartiennent pas (les égrégores négatifs, le karma personnel et collectif, le transgénérationnel) pour pouvoir retrouver la mémoire et se connecter à la banque de données mémorielles de notre âme, notre mémoire akashique.

Les annales ou archives akashiques, la bibliothèque sacrée de l'Univers, nous permettent d'accéder à l'histoire de toutes ces vies. Elles sont une source d'informations sur notre passé, notre présent et nos potentiels futurs.

Ma vérité sur les annales akashiques

Si on part du principe que les réponses sont en nous, les annales akashiques sont un moyen supplémentaire de se connecter à notre âme. Nous nous mettons dans un endroit calme, faisons le vide en nous, nous ancrons, disons des prières de protection pour se sentir en confiance et montons en vibration pour accéder plus facilement à la vérité de notre âme. Nous recevons alors des informations sous forme d'images, de scènes, de symboles qui proviennent de notre subconscient, inspirés par notre âme.

Vers la fin du parcours

La réunion

Le parcours de réunion

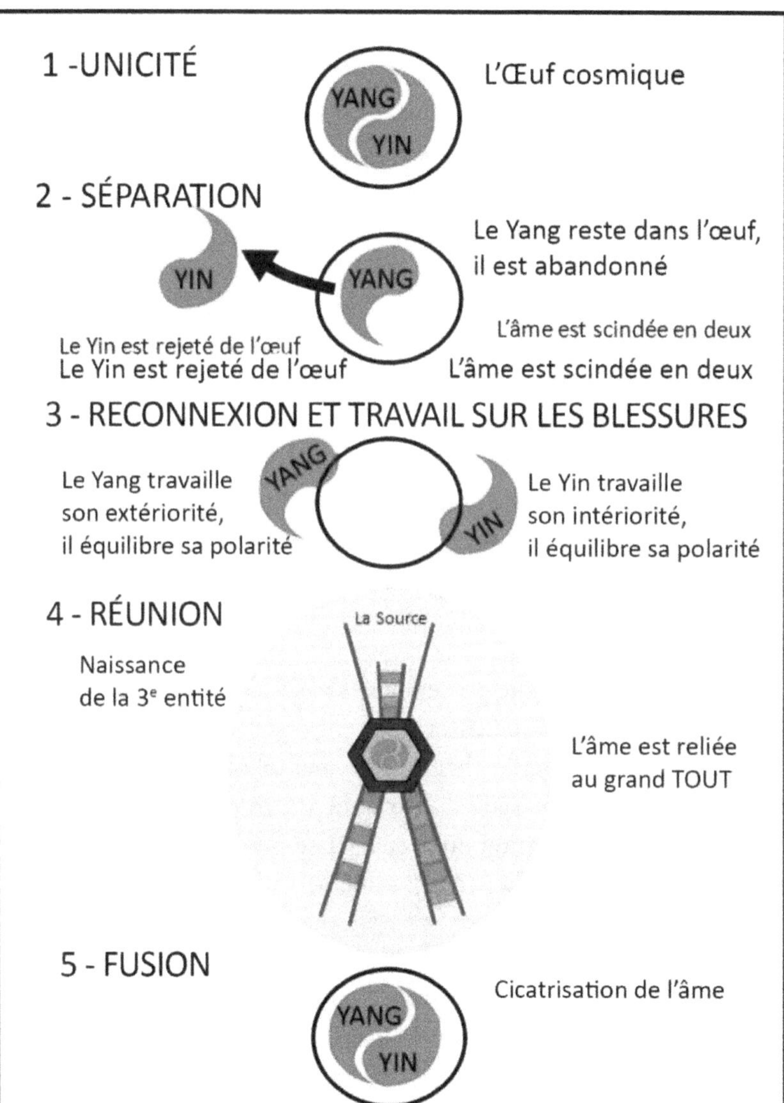

La première partie du parcours, dont l'objectif est la réunion à son autre, est une étape cruciale et délicate à atteindre, mais n'est que le début du voyage de flammes jumelles.

La réunion aura lieu au terme du parcours de guérison de chaque jumeau et ouvrira sur la fusion du couple qui est une cicatrisation des blessures de l'âme. Les jumeaux pourront alors entamer leur mission commune.

Lorsque les chemins individuels s'effacent au profit d'un chemin commun, les individualités de chacun disparaissent pour laisser place à une 3e entité. Elle représente le 1+1=3. Chacun amène ses couleurs et sa belle énergie pour s'unir dans l'amour inconditionnel et revenir à La Source.

L'éveil du jumeau

Tant que nous vibrons le manque, la colère, la tristesse, l'attente de l'autre, la réunion n'aura pas lieu, car cela signifie que la polarité Yang ne se suffit pas à elle-même. Ce n'est que lorsqu'elle aura guéri ses blessures, atteint l'amour inconditionnel, lâché-prise sur la matière et sur l'égo, équilibré ses polarités que son double d'âme pourra se libérer.

<u>Le passage de flamme</u>

Le système fonctionne par le jeu des vases communicants : quand l'un progresse, il fait progresser l'autre. Lorsqu'elle est en paix avec elle-même, prête accueillir l'autre, à l'aimer tel qu'il est, sans vouloir le contrôler, la polarité Yang « à l'origine » a équilibré ses 2 polarités et va émettre une vibration différente. Il se produit alors un passage de relais **(cf. : « Le passage de flamme »)**.

Le passage de flamme

Je me suis sentie portée pendant tout mon parcours : j'avais cette étincelle intérieure, cette conviction profonde de la puissance de ce lien qui m'intimait de ne pas abandonner, une flamme d'amour qui me poussait à avancer et à opérer des changements dans ma vie.

Le passage de flamme

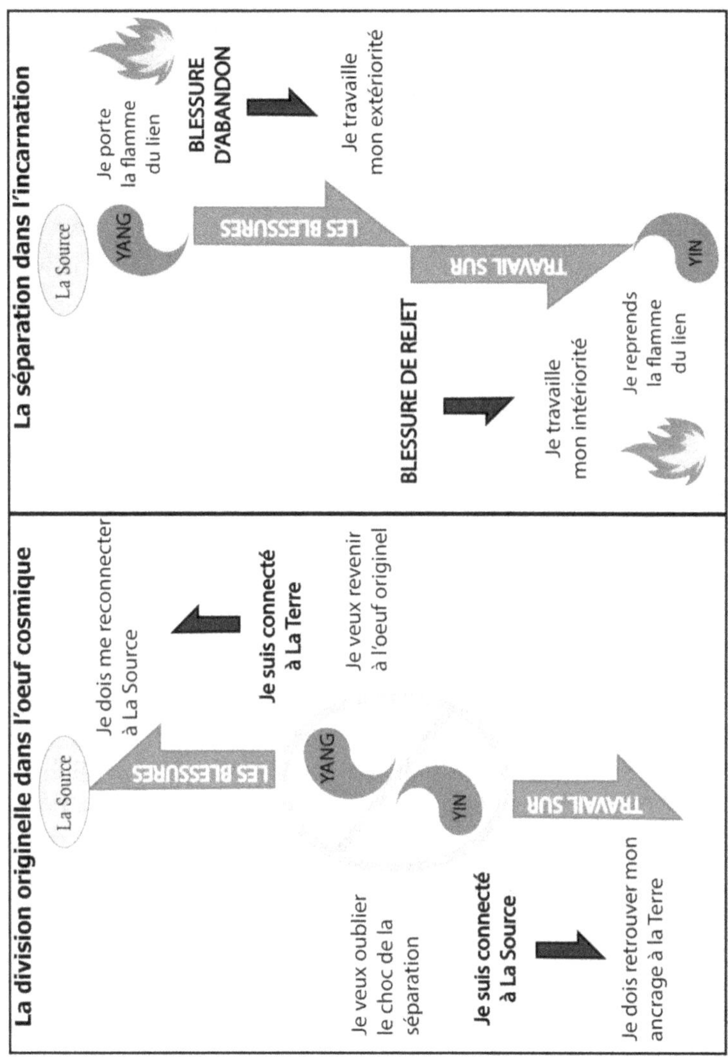

Ce n'est que lorsque mes guérisons furent réalisées (mais le sont-elles définitivement ?), que je parvenais à trouver un équilibre, un bien-être intérieur, que j'ai senti la flamme me quitter puisque je ne cherchais plus en l'autre ce que j'avais trouvé en moi.

Dès lors, la polarité Yang à l'origine se respecte et produit sa propre énergie : elle n'est plus en dépendance à son autre, ce qui libère de l'espace énergétique pour que le Yin puisse s'éveiller. C'est le début de son parcours de complétude : il prend conscience de ses comportements dysfonctionnels, des problématiques dans sa vie et entre dans la nuit noire de l'âme. Rien ne fonctionne plus comme avant, dans sa vie amicale, familiale, professionnelle, dans son corps.

Il souffre de la séparation et recherche le contact avec son autre et surtout avec lui-même. Le jumeau devra à son tour mener son travail de guérison et ouvrir son cœur, mais s'il reste dans le déni, la résistance, les peurs et les blocages, le couple ne se réunira pas.

Un hypothétique éveil du jumeau

Malgré mes efforts pour le lien et le travail de compréhension de la systémie des flammes jumelles, l'éveil de mon jumeau reste hypothétique. Ce qu'il vit et ce qu'il ressent restent un mystère pour moi et je suis impuissante à l'aider.

<u>Le deuil de la relation : entre détachement et renoncement</u>

Un constat s'impose : après de longs mois de distanciation, l'autre n'est toujours pas là. Malgré notre connexion en 5D et tous les efforts que nous avons réalisés pour le lien, il est toujours absent de notre vie. Nous ne voyons pas de place se libérer pour nous dans sa vie, nous ne voulons plus souffrir et souhaitons nous prioriser.

Nous sommes alors confrontés à un dilemme entre le renoncement, car nous désespérons, nous ne voulons plus l'attendre et devons poursuivre notre cheminement, et le nécessaire détachement pour que l'autre puisse opérer sa transformation.

La frontière est mince entre ces deux options : nous sommes tentés par l'abandon de la relation face à cet autre qui ne revient pas vers nous, et à la fois, nous devons rester un soutien indéfectible du lien. Comment trouver l'équilibre entre cet amour que nous devons injecter dans le lien et le refus de nourrir énergétiquement notre autre, et donc ses tierces et ses schémas dysfonctionnels ?

Faire le deuil de la relation, c'est accepter que l'autre puisse ne pas nous choisir et respecter son libre-arbitre en se répétant que « lorsque nous aimons une personne, nous devons la laisser partir si c'est ce qu'elle souhaite ». Nous comprenons que nous n'avons aucun contrôle sur la relation et que seule notre âme est maître de notre destinée. Nous réalisons que nous pouvons pourvoir à nos besoins seuls et nous doutons même que si le jumeau revenait nous serions prêts à l'accueillir, à casser cette belle harmonie que nous avons trouvée en nous, cet équilibre dans notre vie qu'il risque de bouleverser si ses guérisons ne sont pas complètes.

Même si nous essayons de nous persuader que savoir qu'il existe et qu'il est heureux devrait nous suffire, les vieux paradigmes de la 3D ont la vie dure : s'installer ensemble, se marier, fonder une famille, partager des projets communs, construire une maison… Il est difficile de faire le deuil de la relation de couple, de continuer à vivre, de ne plus l'attendre et de se dire que, finalement, toute cette histoire n'est peut-être que le fruit de notre imagination.

J'imagine une fin à cette histoire

Il faut croire que la réunion à mon autre n'était pas prévue dans cette vie.

Il est dit que nous sommes « créateurs de notre réalité », mais je ne suis pas parvenue à créer cette histoire dans la réalité. Alors j'ai fini d'écrire mes textes, je suis partie en voyage et quand je suis revenue, tout avait changé. C'était comme si en écrivant cette histoire, j'avais tourné la page, rangé le livre de cette belle romance sur une étagère et tout oublié.

En définitive, Ils ont exaucé mon vœu : toutes ces fois où j'ai prié pour qu'Ils coupent le lien, Ils l'ont finalement fait. Mais ce n'était pas vraiment ce que je voulais ; je demandais juste cela par dépit, par découragement, pour que la souffrance s'arrête… parce qu'en réalité, je voulais la vivre cette histoire d'amour, mais avec lui, pas seule dans mon coin.

Au fil du temps, les pensées de lui se sont effacées de mon esprit. Je ne me souvenais plus de son visage, j'ai oublié le son de sa voix et il ne venait plus me voir en rêve. J'étais redescendue de mon petit nuage. J'ai même oublié ces vieilles anecdotes stupides que je ressassais tout le temps dans mon esprit, comme un film qu'on a vu 100 fois, dont on connaît les images et les répliques par cœur.

Un jour, il a repris contact avec moi. Il m'a téléphoné. J'ai vu son prénom apparaître sur l'écran du téléphone. Je me suis demandé pourquoi il était toujours présent dans mes contacts... je l'avais supprimé tellement de fois. La sonnerie a retenti jusqu'à la fin et je n'ai pas décroché. Ce moment que j'avais tant espéré s'était enfin produit. Je m'étais toujours imaginé que mon cœur battrait la chamade, que ma voix tremblerait en répondant, que je serais prise entre la peur et l'excitation... mais là, ça ne m'a rien fait. Je n'ai pas eu l'élan de décrocher. Il était arrivé trop tard.

L'amour s'en était allé. C'était comme une fleur qu'on aurait trop arrosée et qui aurait pourri à l'intérieur. D'abord, la pourriture se serait attaquée à la racine, puis à la tige et enfin à la fleur. Elle se serait affadie, aurait perdu sa couleur puis serait tombée et se serait desséchée. Finalement, cet amour que je croyais si fort n'était plus que de la poussière.

J'ai continué ma vie, je ne suis plus tombée amoureuse. J'étais comme ces morts-vivants dans les films d'horreur : je n'avais plus de peau, plus de chair, plus de veines, plus de sang ; l'amour m'avait tout pris, je n'étais plus qu'un fantôme décharné. C'était comme si la pluie, le vent, la grêle m'avaient arraché tout ce qui faisait la vie en moi et n'avaient laissé que les os : j'étais devenue un squelette tout blanc.

J'ai erré dans la vie jusqu'à ce que la mort me rappelle. Alors je suis montée au Ciel et je me suis présentée devant Eux. Ils m'ont posé des questions sur l'amour : « Comment as-tu aimé ? Qu'as-tu fait pour les autres dans ta vie ? » J'ai répondu : « Rien, j'ai échoué ». Alors, Ils m'ont dit : « Tu sais que tu vas devoir y retourner pour finir le travail ». J'ai dit : « Comme vous voulez ». Je ne voulais pas lutter.

C'est à cet instant que j'ai compris que tout n'était qu'illusion, que la Terre était une pièce de théâtre géante où les humains se faisaient du mal, se déchiraient, s'entretuaient et ça nourrissait le Sombre. Mais il y avait aussi l'amour, les beaux sentiments, les belles valeurs et ça nourrissait la Lumière. Nous n'étions que des pantins entre leurs mains dont ils se gaussaient, des marionnettes qu'ils agitaient pour s'amuser, des vaches qui nourrissaient les bergers. Ils devaient bien rigoler Là-haut en nous regardant nous débattre dans l'existence humaine : d'abord Ils nous font croire que rien n'existe, qu'il n'y a que la vie et puis plus rien. Ensuite, Ils nous disent qu'il y a autre chose après la mort, quelque chose de plus beau, un paradis où règne l'amour… c'est parce que l'amour génère beaucoup plus d'énergie ; c'est comme un nectar des dieux dont ils se nourrissent. Ils nous font croire à de belles histoires d'amour, des histoires de flammes jumelles, car le lait d'amour que nous produisons est bien meilleur. Mais tout est faux ; nous sommes piégés dans la matrice astrale, les hommes ne sont qu'un troupeau qui produit de l'énergie qui alimente une fausse matrice divine où Dieu est un créateur fou. Les notions de Bien et de Mal n'existent pas ; c'est juste que le Bien et l'Amour produisent un lait plus riche que le Mal et les conflits.

Maintenant, je sais que l'amour n'existe pas sur Terre, c'est juste une invention pour nous tirer le meilleur lait possible. J'ai cru à cette belle fable de flammes jumelles ; c'est à cause d'elle que j'ai renié ma foi en l'Amour.

Le parcours de flammes jumelles nous dépouille de tout. Lorsque nous pensons être arrivés au terme du cheminement, il est encore des choses auxquelles nous restons liés et dont il faut se détacher.

Mais une autre voie est possible

Je pensais avoir suffisamment donné après avoir quitté mon compagnon, ma maison et mon travail, et perdu, avec le départ de ma mère, mais il faut croire que je n'en avais pas encore fini.

Le plus dur fut d'accepter que j'avais aussi perdu mon jumeau, il y avait plusieurs mois déjà. Nous avions eu l'occasion de nous revoir, mais il n'était pas venu. J'ai continué à m'accrocher, à espérer et à attendre, jusqu'à ce que je réalise qu'il avait fait son choix depuis tout ce temps. Je me suis trouvée stupide de ne pas avoir vu cette évidence qui me sautait aux yeux. C'est qu'il m'était difficile de me résigner à perdre ce grand amour que j'avais attendu toute ma vie.

Il devait se sentir soulagé quand j'ai disparu de sa vie, ne plus ressentir ce malaise en ma présence, cette sensation d'inconfort à cause des énergies. Il est parti sans un mot, sans même un Au Revoir, comme si je n'avais jamais existé.

Je l'avais perdu, mais il ne m'a jamais vraiment appartenu. J'avais connu la vie de couple, le bonheur d'avoir des enfants, un foyer... Comment pourrais-je lui reprocher de vouloir être heureux, de fonder une famille et de trouver son bonheur ailleurs ? Ce parcours demande un engagement sans faille et des renoncements douloureux ; comment pourrais-je le blâmer de vouloir suivre sa propre voie ?

Nos chemins se sont séparés : il est resté dans sa vie, avec sa famille, ses devoirs, ses habitudes, son travail, sa routine rassurante, alors que j'avais pris un chemin plus incertain, dont je ne connaissais même pas la finalité et que j'avais peur d'arpenter seule, sans celui qui devait être à mes côtés.

Lorsque nous n'avons plus rien, il ne nous reste que la foi.

<u>Le déni du lien</u>

Les jumeaux ne peuvent se réunir que s'ils ont atteint et maintiennent un certain niveau de vibrations. À un moment du parcours survient la « grande séparation » lorsque la polarité Yang à l'origine est parvenue à son entièreté. Elle a perdu confiance en la capacité du jumeau à venir dans le lien puisque rien ne semble se matérialiser dans sa vie et qu'il reste dans le déni. La Source va alors couper le réservoir énergétique commun dans lequel le jumeau vient puiser, ce qui le prive de son énergie vitale. Il entre alors dans la nuit noire de l'âme : il connaît un épuisement de ses capacités physiques, les peurs et les blessures remontent à la surface, il prend conscience de son faux-self, il n'est plus guidé… Si le jumeau continue de défier

La Source, il entre dans une vie sans but, puisque son chemin karmique individuel a disparu à la reconnexion.

Se pose alors la question du positionnement de la polarité Yang qui a tout donné pour le lien, mais constate que le jumeau ne l'a pas choisie.

La grande séparation

Le jumeau continue de nourrir ses proches de sa belle lumière, de se faire vampiriser ses énergies par ses amis, d'être sous emprise de gens toxiques, de gâcher son potentiel, de se laisser abuser par sa gentillesse ou de devenir un être dur au travail (expression déséquilibrée de sa polarité Yang). Il ne m'a pas choisi ; je ne devais pas être assez bien pour lui.

J'ai nourri le lien pendant tout ce temps, j'ai nourri mon jumeau en vibrations d'amour, j'ai continué à porter le lien, à me dépouiller de tout, à donner sans rien recevoir, tandis qu'il continuait de recevoir sans rien donner.

Ça ne pouvait plus durer, cette situation était trop injuste, déséquilibrée, loin de l'engagement fort qui est attendu de la part de chaque jumeau. Alors La Source a pris le relais, Elle a coupé la connexion. Il est revenu au taux vibratoire que nous avions après le soin d'Anne-Elisabeth, soit presque rien en comparaison du taux que nous avions atteint. Ensuite, il m'est apparu quelques fois en rêve, mais je ressentais à peine sa présence ; il était transparent, comme un fantôme.

Il est dit que si le jumeau reste dans le déni, La Source envoie un autre jumeau ou une âme-sœur… Je sais qu'il me sera difficile d'avancer seule. Tout ce que j'ai fait pour le lien, les décisions que j'ai prises, c'était aussi pour lui. Je l'ai choisi, j'ai choisi ce Grand Amour. Mes décisions ont fait souffrir des personnes autour de moi, alors je ne pense pas que je serai capable de m'investir dans une autre relation.

Le parcours de flammes jumelles nous oblige à lâcher ce qui nous retient, nous blesse, nous encombre, nous tire vers le bas et nous empêche d'avancer.

Le pardon

Le pardon est un acte d'amour ; c'est faire table rase du passé, quelle que soit la douleur que nous avons endurée, c'est être dans la compassion et la bienveillance envers ceux qui nous ont fait souffrir. La Voie Christique nous enseigne de ne pas chercher le royaume de Dieu dans les cieux, mais ici-bas sur Terre. Par des actes bienveillants, par la parole juste et par des pensées saines, nous créons un monde plus juste et bienveillant envers son prochain. À l'inverse, si nos pensées sont négatives et que nous jugeons l'autre, alors elles reviendront sur nous comme un boomerang par la Loi de Cause-à-Effet.

Le lien de flammes jumelles est essentiellement un lien énergétique. Si la polarité Yang à la base se focalise sur sa souffrance, sur le manque, reste dans l'attente, alors elle crée la colère, le ressentiment, les regrets. Ces énergies négatives sont injectées dans le système, empêchent le jumeau de se libérer et nous reviennent dessus tôt ou tard. La polarité Yin est hypersensible : comment pourrait-elle revenir dans le lien si elle s'attend à des reproches, des récriminations et de la colère ? Elle est aussi la polarité non-consciente du lien : elle a fait ce sacrifice pour permettre à l'autre de guérir ses blessures et de s'ouvrir à sa part divine. Tant que nous sommes dans le rejet ou le manque de confiance, elle réagira de la même façon.

Quel que soit le choix du jumeau, nous devons faire notre part, tenir notre engagement et lui pardonner.

Répondre à l'appel du divin

Je ressassais toujours les mêmes histoires et tournais en boucle le film de son rejet dans mon esprit : ses fautes, ses manquements, sa fuite, son refus de l'amour... Je restais enfermée dans le passé et créais une pression énergétique négative sur lui, alors que je devais au contraire libérer cet espace pour faire de la place.

Quelles que soient les difficultés, lorsqu'on est engagé sur ce chemin, un retour en arrière est impossible. Lorsqu'on a entendu cet appel, on ne peut qu'avancer. Il n'est plus temps de ressasser le passé, mais de faire de la place pour le nouveau. Si le jumeau revient, c'est qu'il aura compris cette évidence et aura entendu l'appel du divin ; il sera alors un homme nouveau **(cf. : « La transformation du jumeau »).**

Ce n'est que lorsque nous ne possédons plus rien que nous pouvons recevoir.

Ce n'est que lorsque nous faisons le vide en nous que nous pouvons accueillir.

Il nous faut quitter l'Ancien pour accueillir le Nouveau.

S'il n'y a plus d'attaches, il n'y a plus de regrets.

S'il n'y a plus de possession, il n'y a plus de perte.

Alors, nous pouvons revenir à l'œuf originel et renaître à la vie.

*Ce dont je suis persuadée à présent, c'est que je ne sais rien,
et que tout reste à réaliser.*

Jean 14:12 : *« Celui qui croit en moi fera les œuvres que je fais. Il en fera même de plus grandes ».*

La transformation du jumeau

APPARENCES

Enveloppe d'illusions

Mue de peurs,
de doutes,
de mal-être,
de tristesse

Masques d'apparences,
de mensonges,
de faux-self

Couches d'impératifs,
d'injonctions familiales,
religieuses et culturelles

Tout sera brûlé par la flamme
de l'Amour

Le jumeau va opérer sa transformation,
faire peau neuve, brûler ses oripeaux

AMOUR

J'ouvre mon coeur
Je suis la flamme de l'amour

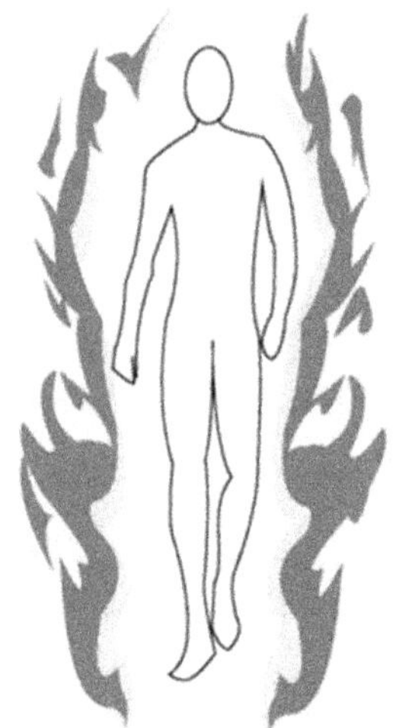

Je suis un être nouveau
Je rejoins ma jumelle

Table des matières

Imprimé en Allemagne
Achevé d'imprimer en janvier 2023
Dépôt légal : janvier 2023

Pour

Le Lys Bleu Éditions
40, rue du Louvre
75001 Paris

www.ingramcontent.com/pod-product-compliance
Lightning Source LLC
LaVergne TN
LVHW050313160826
845677LV00014B/3377